河北省社会科学基金项目（项目编号：HB15TY005）

政府职能转变中非营利体育组织发展研究

◎ 王春雷 著

中国纺织出版社

内容提要

本书分上下两篇。上篇对我国群众体育工作、政府职能转变中群众的体育发展与文化创新等问题进行了分析，为政府职能转变中非营利体育社团的研究做了基础性、外围性的讨论。下篇首先对非营利组织进行了基本探讨，重点对欧美国家和我国的非营利组织产生的社会背景、思想基础和发展情况进行了讨论；其次探讨了我国群众性非营利体育组织的建设与发展情况，并对非营利体育组织进行了实证调查；最后分析了非营利体育组织可持续发展面临的问题与制约因素，并对其可持续发展路径进行探究，为更好地推动群众体育社团建设提供思路和借鉴。

图书在版编目（CIP）数据

政府职能转变中非营利体育组织发展研究 / 王春雷著 . -- 北京：中国纺织出版社，2018.3

ISBN 978-7-5180-4599-0

Ⅰ．政… Ⅱ．①王… Ⅲ．①非营利组织—体育组织—研究—中国 Ⅳ．① G812.1

中国版本图书馆 CIP 数据核字（2018）第 011062 号

责任编辑：王慧　　责任印刷：储志伟

中国纺织出版社出版发行
地址：北京市朝阳区百子湾东里 A407 号楼　邮政编码：100124
销售电话：010 — 67004422　传真：010 — 87155801
http：//www.c-textilep.com
E-mail：faxing@c-textilep.com
中国纺织出版社天猫旗舰店
官方微博 http://weibo.com/2119887771
北京虎彩文化传播有限公司印刷
2018 年 1 月第 1 版第 1 次印刷
开本：787×1092　1 / 16　印张：12.75
字数：206 千字　定价：61.00 元

凡购本书，如有缺页、倒页、脱页，由本社图书营销中心调换

前 言

人类文明的发展和进步始终离不开"爱"和"奉献"这两个精神层面的高尚元素。人类社会的科技、文化、政治、经济等高层建筑已经发展到了新的高度，人们的思想意识也随之不断前进。在今天，积极地参与各种募捐、志愿服务等社会公益活动是反映一个人的精神风貌、一个团队的积极向善、一个社会的文明程度、一个国家和政府的治理能力的重要参照。

非营利组织在现代社会发展中是一个比较热门的话题。在政府和市场无力全覆盖的社会需求领域，非营利组织的出现弥补了社会服务中出现的"政府市场双失灵"的缺口。因此，在学界，非营利组织（NPO）被视为除政府和市场之外的另一重要角色——第三部门，在学术上也有非政府组织（NGO）、志愿服务组织等多种称谓。许多慈善组织、基金会、志愿服务组织、群众性社团组织以及未经批准注册的各种草根互益组织，均归属于非营利组织，并被关注和研究。在理论研究中，国外与国内因为国家制度和社会背景不一样，也存在许多不同之处。国外对于非营利组织的概念界定有着较为一致的认识，认为非营利组织需要具备五个要点，即（1）组织性，有一定的制度化约束；（2）私有性，在所有权属上与政府存在较高的分离度；（3）非营利性，组织或组织成员不可依托组织的存在谋取经济利益和经营利润；（4）自治性，非营利组织有着独立的法律地位可以处理组织各自的事物；（5）自愿性，组织成员的参与自由受到保护。

在我国，由于经历了特殊的历史时期，政府曾经对民间结社活动管控格外严格，对于非营利组织的发展也持谨慎态度。在改革开放近40年后的今天，我国进入了深化改革的关键时期。目前我们正在进行的改革不仅是对经济体制的完善和创新，更重要的是对社会治理机制的创新性变革，即政府职能改变。在不断深化的政府职能改变进程中，解放社会生产力，深入发掘社会资源优势，弥补政府公共服务和市场的刚性不足，已经成为目前深化改革的重要内容。

在国内的理论研究中，自20世纪90年代以来涌现出如清华大学王名教授等一批优秀的学者，他们立足我国的实际对非营利组织在我国的发展进行了系统的研究，在国家政策制定、社会治理工作中起到了重要的理论指导作用。国内对于非营利组织的研究也存在多种观点，进入21世纪后，主要存在三种观点。第一种是非营利组织属于"第三部门"的观点,认为在政府组织和市场经营主体之外的社会服务组织均属于非营利组织;第二种观点立足于法律视角,认为经注册获得合法身份的正式组织,以服务社会、不谋求经济利益为目的的自愿、自治性社会组织即为非营利组织;第三种观点则从税收减免资格进行认定。客观上看,各种研究对非营利组织的界定均有着弥补政府和市场"双失灵"状态下的社会服务缺口的特点。因此,在近年来的研究中,人们对我国的非营利组织的界定更多的是依据我们所特有的社会主义特色。

非营利组织在我国的蓬勃发展有着时代背景,是我国经济飞速发展、社会稳步前进、政治环境稳定、人民安居乐业大环境的必然产物。除"红十字会""宋庆龄基金会""青基会"等官方背景下的非营利组织之外,越来越多的民间爱心人士组建起来的各种慈善组织、互益组织正在改变着国人的价值观、人生观和社会观。非营利组织的快速发展不仅仅是为了帮助需要帮助的人,更重要的是传递一种爱的力量——助人者通过给予他人帮助,净化了自己的灵魂;接受帮助者在得益后也会激发回报社会的愿望;在媒体的宣传作用下,更多的人乐于奉献自己的时间、精力、金钱来帮助别人。正如歌词中的描述"只要人人都献出一点爱,世界将变成美好的人间。"

体育是人类社会和文化的重要构成要素,体育对人的培养功能是一般意义上的教育无法替代的,在人类社会的运行中发挥着不可或缺的重要作用。在全民健身计划深入推进过程中,政府公共体育服务为公众健身环境的改善创造了良好条件,特别是城市建设日新月异,公园广场、健身路径、体育场馆等各种方便居民健身的硬件环境大幅改善,这些均属于政府对公共体育服务的重要投入。在政府公共体育服务之外,越来越多的人开始深刻理解"花钱买健康"的重要意义,健身市场也异军突起,正在成为居民消费的新的增长点。但是,在体育上升为国家战略的背景下,仅仅依靠政府和市场仍然不能满足人们日益增长的体育需求,这个缺口需要更多的社团组织在非营利的前提下来弥补。

目前我国的非营利体育组织广泛存在,既有国家官方层面的"中华体育基金会"、学术界的"体育科学学会"以及许多知名人士创立的如"霍英东基金会""李宁体育基金会"等经过注册获得合法身份的正式组织,又有遍布在我们身边的各种广场舞、健步走、户外爱好者社团,不管是经过正规的注册管理的组织，还是群众互益性的草根组织，从其所提供的社会服务的性质而言，均属于非营利体育组织。特别是大量出现在民众身边的以兴趣爱好为主要凝聚因素的各种运动项目社团组织，虽然组织简单、影响较小、管理松散，但这些非营利组织恰恰是关乎我们是否能够顺利实施"健康中国2030"战略的重要组织基础。如何更好地发挥各种非营利体育组织的资源潜能，促进各种组织的健康发展，已经成为当前学术界和管理部门的重要课题。

在上述各种形态的非营利体育组织中，规模和影响较大的各种体育协会和体育基金会通常有着较为完善的管理制度，有着政策性支持力量，因此，在本书中只作简单介绍，并未进行深入分析和探讨。而作为我国体育事业的基础构成的群众性非营利组织，因为在政府职能转型过程中并未获得各种优越的社会资源，学术界对于群众性非营利体育组织的研究也正处于发展阶段，因此，本书将重点探讨在群众身边广泛存在的各种非营利体育组织，这些组织可能在一定的区域内具有较为广泛的影响力，也可能是刚刚成立不久的小团体，抑或是根本没有名字的纯粹自娱自乐式的健身队伍。

本书分上、下两篇，上篇对我国群众体育工作，政府职能转变中群众体育发展、群众体育文化创新等问题进行分析，对政府职能转变中非营利体育社团的研究做了基础性、外围性的讨论，因为非营利体育组织的发展离不开我国群众体育发展和群众体育文化建设的外界大环境。

为了更好地了解和掌握非营利体育组织的发展源流和历程，下篇首先对非营利组织进行了基本探讨，重点对欧美国家和我国的非营利组织产生的社会背景和思想基础进行讨论。在此基础上探讨了我国群众性非营利体育组织的发展情况，从我国非营利体育组织活动的内涵、内容、影响因素和发展策略等方面为更好地推动群众体育社团建设提供了思路和借鉴。

王春雷

2017年9月

目录 /CONTENTS

上 篇　政府职能转变中我国群众体育的开展 …………… 1

第一章　我国群众体育组织发展概述 …………………… 3
　　第一节　中华人民共和国成立以来我国群众体育组织发展回顾 ……… 3
　　第二节　不同时期群众体育组织的社会功能 ………………… 11
　　第三节　群众体育组织的制度环境 …………………………… 16
　　第四节　现阶段群众体育组织建设的意义与价值 …………… 21

第二章　政府职能转变与公共体育政策走向 …………… 25
　　第一节　新的历史时期与社会背景下群众体育发展 ………… 25
　　第二节　群众体育组织发展中面临的机遇与挑战 …………… 29
　　第三节　群众体育组织在全民健身中的作用发挥 …………… 38

第三章　政府职能转变中群众体育文化创新理论 ……… 45
　　第一节　政府职能转变中群众体育文化创新理论 …………… 45
　　第二节　现阶段影响群众体育文化创新的因素 ……………… 52

下 篇 非营利体育组织的理论与实践 ·············· 59

第四章 国内外非营利组织的发展 ················ 61
第一节 非营利组织发展的思想基础——公民社会理论 ······ 61
第二节 美国非营利组织发展概览 ················· 65
第三节 英国非营利组织的发展 ·················· 71
第四节 我国非营利组织发展 ··················· 73

第五章 非营利体育组织产生与发展 ················ 79
第一节 我国群众体育社团的发展状况 ·············· 79
第二节 非营利体育组织发展概况 ················· 83
第三节 非营利体育组织研究现状 ················· 96

第六章 政府职能转变中我国非营利体育组织的建设与发展 ··· 101
第一节 政府职能转变中我国非营利体育组织的运行 ······ 101
第二节 社会转型期我国公共体育服务与非营利体育组织的协调发展 ······················· 120
第三节 非营利体育组织建设与创新社会治理 ·········· 128
第四节 信息时代非营利体育组织的网络化建设与管理 ····· 132
第五节 非营利体育组织管理 ·················· 134

第七章 政府职能转变中非营利体育组织发展的实证考察 ··· 139
第一节 现阶段河北省非营利体育组织发展问题的研究意义 ··· 139
第二节 实证研究的设计 ···················· 140
第三节 现阶段非营利体育组织发展实证调查与分析 ······ 141
第四节 河北省非营利体育组织健康发展途径 ·········· 157

第八章　非营利体育组织可持续发展问题…………………… 163
第一节　现阶段非营利体育组织发展中面临的问题 …………… 163
第二节　非营利体育组织发展的制约因素 ……………………… 168
第三节　非营利体育组织可持续发展路径探析 ………………… 171

参考文献 ……………………………………………………………… 181
附录一 ………………………………………………………………… 185
附录二 ………………………………………………………………… 189
后　记 ………………………………………………………………… 191

上篇　政府职能转变中我国群众体育的开展

第一章
我国群众体育组织发展概述

第一节　中华人民共和国成立以来我国群众体育组织发展回顾

本书对我国群众体育事业发展的时间节点定位于中华人民共和国的成立。对于中华人民共和国成立以来的群众体育发展情况，国内有许多学者进行了系统的整理。总体来看，我国的群众体育事业的发展大致分为五个阶段。

一、开创群众体育的新阶段（1949—1957年）

从1949年中华人民共和国成立开始一直到1957年，是我国国民经济的恢复时期以及"一五"计划的全面落实阶段，对我国的发展建设来说，这一阶段是一个特殊的历史时期，是我国社会主义事业建设的基础阶段，同时也是我国的群众体育事业开创基业的阶段。

中华人民共和国成立之初，我国在经济上、政治上都面临着严峻的国内外形势。我国人民群众不畏艰辛、艰苦奋斗，在短短的几年内，创造了惊人的成绩，农业发展、工业产值及钢铁产量等都成倍增加，在百废待兴的政权初创阶段创造了令人瞩目的经济社会发展成就，这为我国社会主义建设打下了坚实的基础，并且也为中国群众体育的初步发展提供了一定的经济保障。

中华人民共和国成立以后，国家迫切需要大量的社会主义建设及保卫国家的武装力量，因此，增强人民体质、保卫社会主义建设成果，成为当时一项重要的政治任务。所以，党和政府对于群众体育的发展格外重视，并将其提升到了一个战略高度，从中华人民共和国成立伊始就创建与群众体育相关的各项规章制度。1958年《劳动卫国体育制度条例》颁布并开始试行，1975年，改称《国家体育锻炼标准》，并一直沿用至今；20世纪50年代初，中央人民政府教育部等九个单位联合发出了《关于推行广播体操活动的联合通知》，很快，全国范围内的各行各业纷纷掀起了推广和参加广播体操练习的高潮，建立了较为稳固的广播体操锻炼制度，如农民和工人的工间操、学校的课间操等。通过这一阶段的努力，大批体育干部脱颖而出，国家大力发展体育基础设施建设，基层群众体育组织应运而生。

全国总工会于1955年10月设置了体育部。截止到1957年，冶金系统、铁路系统、煤矿系统、公安系统等20个系统都创建了行业体育协会，组织创立的基层体育协会达4万个左右，而全国职工体育协会的成员数量超过400万人。[①]与此同时，我国农村地区在群众体育发展建设上也取得了可喜的成绩，例如，创建的基层体育协会超过了3万个，拥有的会员超过了90万人。

中华人民共和国成立后的较短时间内，在党中央的号召下，全国上下广泛推进全民体育锻炼，从工厂矿山的工间操到田间地头的各式各样的体育比赛，再到学校中青少年学生的体育学习，我国体育事业在全民练兵、全面发展中呈现出前所未有的状态。在近代中国的屈辱历史中，半殖民地半封建社会的积贫积弱使得我们在帝国主义的坚船利炮下成为任人宰割的羔羊，中华民族也沦为西方列强口中的"东亚病夫"，在反抗侵略中，中华民族的每一位儿女都渴望增强体质，彻底改变民族的形象，让我们的伟大民族以全新的面貌站在世界的舞台上。这些发自国人心底的诉求在许多领域都有着热切的表达，如电影《精武门》中关于用传统体育来改变民族命运的描述。在中华人民共和国成立之前，我国处于百废待兴的状态，国家领导人早已经将建设发展群众体育提到日程上了，引领广大中国人民早日甩掉贫穷落后的帽子，促进社会主义革命的胜利和社会主义社会的全面建设；中华人民共和国的成立也为积极参加体育运动提供了有力的保障。所以，人民群众的体育价值在这一阶段被赋予了更多民族自尊与国家利益的色彩。各行各业、各民族的群众将积极参与体育锻炼，主动投入体育运

---

① 孙葆丽, 孙葆洁, 潘建林. 我国群众体育发展的历史回顾[J]. 体育科学, 2000（1）.

动，把体育运动看作是崇高的历史责任。人民群众带着炙热的革命情怀加入到群众体育之中，在当时国家经济极其困难的条件下，掀起了我国群众体育发展的第一次高潮，让群众体育的发展有了一个良好的开端。我国人民的体质与中华人民共和国成立之前相比，有了迅速的提升，民族自信得到初步重建，全国人民的体育热情空前高涨。但是我们也应该清晰地认识到，这一时期我国的经济状况还比较落后，群众体育的发展因此而受到了很大的限制。中华人民共和国成立初期，由于落后的经济以及对一些问题的认识并不全面等因素的影响，这一阶段群众体育的发展与人民群众的多样化需求并不相符。

二、曲折前进阶段（1958—1965年）

我国的"一五"计划于1957年顺利完成，这为顺利实施"二五"计划和全面社会主义社会建设的展开积累了经验。从1958年开始一直到1965年，我国进入了全面、大规模的社会主义社会建设阶段，是我国在曲折道路上不断前进的重要时期。群众体育在开创基业阶段获得了可喜的成绩，进入1958年以来，随着国家建设事业的脚步，群众体育的前进模式表现为波浪式前进，因此，这一阶段也被称为波浪式前进阶段。

我国政府制定了"一五"计划，并如期超额完成任务，这就为我国国民经济的快速发展创造了必要的物质基础，然而反右派斗争的扩大化及错误地开展"大跃进"及"反右倾"等运动，造成了我国的"三年困难"时期。一直到1965年，我国的经济调整任务顺利完成，整个国民经济呈现出欣欣向荣的局面，这就为群众体育的再发展提供了必要的经济保障。

在这一阶段，党和政府在探索发展社会主义建设的进程中遭遇重创，国家的发展一度陷入困境，但是党和政府对群众体育仍然非常重视。国家在面对严峻经济压力的情况下，克服重重困难，挤出经费投资修建体育场地，建设各级运动队伍。据统计数据显示，在1958—1965年，全国共计修建各类体育场地近5万个，这在一定程度上也反映了当时我国的国家经济状况逐步向好。从1958—1961年，我国新建体育场地数量下降，1962—1965年，我国新建体育场地数量增加，这些数据可以反映出"大跃进"、自然灾害等原因导致的经济整体下滑以及在国家政策做出调整后我国经济增长对于群众体育设施建设投资的直接影响。在这一阶段，有近60万体育干部被各类训练机构培养出来，历年培训人数的数量也在一定程度上可以反映这一阶段国家经济建设发展的情况。

在群众体育的开展过程中,与政治方向紧密结合是特殊时代的特色,由于"左"倾思想的侵袭,彼时我国的体育事业在发展中也不可避免地出现这种思想倾向,体育领域中的"大跃进"直接使群众体育事业受到严重影响,许多群众类的体育活动开始背离实际,这是与事物的客观规律相违背的。我国很多地方开展体育活动的场面可谓是"轰轰烈烈","千人表演""停产突击""万人誓师"等活动层出不穷,要求工人及农民在劳作之余继续开展体育锻炼活动,甚至还有突击锻炼的形式,这种模式的群众体育锻炼导致工厂和农村的生产、生活受到较大程度的冲击和影响,直接导致之前对群众体育饶有兴趣的农民开始惧怕体育,这就使得群众体育的发展受到了极大的影响。1960年年末,国务院针对现状提出了"调整、巩固、充实、提高"的政策指导方针。体育委员系统将之前工作中的错误进行了纠正,针对群众体育工作制定了新的原则,即业余,自愿,小型,多样,因时、因地、因人制宜。这一原则的提出让群众体育又恢复了活力,并出现了新的发展势头。[①]第二届全运会于1965年胜利举行,群众体育活动由于全运会的召开,迎来了一个新的高潮,全国有近亿人积极参加各种形式的体育活动,直接推进了我国群众体育发展的脚步。

群众体育的发展在这一阶段随着我国国民经济的发展态势呈现出大幅度的起伏状态。在波浪前进阶段的初期,我国群众体育活动无论在参加人数、达标人数上,还是在新建体育场地及培养体育干部的数量上,与开创基业阶段相比,都有很大幅度的上升。

但是这一现象的出现使我国原有的群众体育工作的正常活动秩序被打乱,同时也不符合体育锻炼的客观规律,与当时国民经济发展的水平不同步,导致广大人民群众积极参加体育活动的热情被挫伤,还有自然灾害对国家发展的冲击,导致我国的群众体育活动从盲目"兴盛"状态陷入谷底。1963年后,我国国民经济逐渐好转,呈上升的态势,群众体育通过调整恢复发展,且在1965年迎来了新的高潮。在漫长曲折的发展过程中,我们将正反两方面经验进行了深刻的总结,在此基础上,群众体育开始将群众本身的个体需要作为出发点,并逐步创立了一系列行之有效的方法,初步认识到了群众体育的发展要适合本国的国情。

---

① 孙葆丽,孙葆洁,潘建林. 我国群众体育发展的历史回顾[J]. 体育科学,2000(1).

三、遭遇挫折阶段（1966—1976年）

刚诞生不久的中华人民共和国于1966—1976年经历了长达10年的"文化大革命"，群众体育也遇到了挫折。

"文化大革命"给中国人民带来的伤害是巨大的，让整个国家遭受了难以估量的经济损失。周恩来等老一辈革命家在"文化大革命"后期不断努力，和全国人民一起奋斗，使"文化大革命"的损失有所降低。但是"文化大革命"给中国人民带来的惨重后果是无法挽回的。在这一时期，我国的群众体育发展不可避免地受到了影响，可以说是处于一种无序的波动状态。

我国的群众体育在"文化大革命"初期基本上处于瘫痪状态，人们之前参加体育活动的传统方式受到破坏，体育设施被荒废，甚至是被破坏，一些管理人民群众体育活动的组织与部门也不复存在，一些自发组织的群众体育活动也都戛然而止。到20世纪60年代末，有一批老一辈革命家仍然坚持努力工作，只是一部分机关和工厂逐渐恢复了原有的秩序。1973年召开的全国职工体育工作座谈会提出要加快全国职工体育的恢复工作。然而1974年发生的"批林批孔"运动，让刚刚复苏的职工体育活动又遭受了重创。1969年后，许多贫困的农村地区文娱活动极度匮乏，农民在闲暇时间自发组织一些体育活动作为日常的消遣娱乐活动，上山下乡的知识青年在农村成了农村体育活动的中坚力量，由农村的民兵组织开展的群众体育活动也逐渐增多。全国农村体育工作会议召开后，一些县、区（镇）级的农民运动会陆续组织、开展。到1973年，"四人帮"反革命集团利用农村体育活动来进行政治宣传，将农村的体育活动与"路线斗争"关联在一起，导致农村体育活动出现了"兴盛"状态，但这种"兴盛"状态是完全属于形式上的，在一定程度上甚至影响了正常的农业生产。

群众体育在"文化大革命"这一特殊的历史阶段举步维艰，在政治波折的夹缝中时断时续、跌宕起伏地艰难延续下来。尽管如此，在这种特殊的历史背景下，群众体育在发展过程中也是有一定收获的，一些体育工作者在发展群众体育的工作中投入了许多心血，群众体育在基础设施建设、体育活动达标等方面获得了一些成绩。然而，这一时期群众体育思想出现了极大的扭曲，一些"突击运动"的开展是以停工停产为代价来进行的，其目的是为政治做宣传，而不是为了提高人民的体质，更不是为了增强社会主义建设而服务的。从表面上看，群众体育处于"兴盛"状态，但实际上，这是在社会动乱、经济倒退的历史背景下的一种畸形发展。可以说群众体育在"文化大革命"时期基本上毫无发展，只是随着国家政治形势的变化而随波逐流。农村地区与城市相比，社会环境相对稳定，农村的群众体育活动开展的相当"兴盛"，这种"兴盛"是当时的历史发展的结果，但在一定程度上也产生了一些促进作用。

四、恢复重建阶段（1976—1995年）

"文化大革命"结束后，我国社会主义建设事业开始回到正常轨道上来，又开始了新的征程，同时群众体育的发展也进入了一个全新的阶段。

我国的国民经济经过"文化大革命"的10年，已经到了崩溃的边缘，在党及政府进行拨乱反正的工作之后，国民经济开始复苏。党的十一届三中全会召开以后，中国在邓小平理论的指导下，进入了改革开放的伟大时期，在稳定的政治环境中，我国的经济开始飞速发展，工业及农业产量连年上涨，人民群众的生活质量得到了极大的提升，促进了我国群众体育的恢复与发展。

随着社会经济及文化的不断提升，我国政府对群众体育工作的重视程度进一步提高。城市职工体育的各种组织领导机构从1978年开始逐渐恢复，截止到20世纪90年代，我国已经建成10万余个职工体育组织机构，全国范围内的工会系统有2万多专职体育干部，运动团队已经超过了55万个，有5 000余万人经常性地参与群众体育活动。职工体育活动的形式呈现出多样性的发展态势，职工体育活动的形式在广播操、生产操、武术等的基础上，逐渐发展出了更多形式，比如舞蹈、健身健美操、保龄球、网球等；此外，高尔夫球、登山、赛车、热气球、无线电测向的职工体育活动的参与人数相对较少。随着经济不断发展，体制的逐步优化改革与企业单位运营机制的转变，职工体育已经不再只是根据行政命令来组织开展体育活动，而是逐渐向多元化的形式转变；之前集中统一的职工体育管理模式也逐渐转变为多元化的职工体育管理模式；此外，职工体育的价值取向也发生了转变，由原来的单纯健身转变为健身、娱乐、消遣相结合；参与形式正在朝自愿、业余、有偿服务、共同筹办的方向发展。在组织形式上，除了原有的行政组织形式、家庭形式、自由结合形式以外，又增加了社区组织形式、体育俱乐部等形式。

党的十一届三中全会以来，农村经济体制发生了巨大改变，开始实行家庭联产承包责任制,促进了农村经济的发展。在1984年洛杉矶奥运会后,体育成为我国在国际舞台上展现民族风采和社会主义制度优越性的重要载体。国内的群众体育活动得到了很大的发展,不管是企业单位还是农村乡镇,不同形式的群众体育社团在全国各地如雨后春笋般快速发展起来。

五、全面发展阶段（1995年至今）

国务院于1995年6月20日颁布了《全民健身计划纲要》,我国的群众体育又进入了一个全面发展的新阶段。2个月之后,《中华人民共和国体育法》出台,提到:"国家推行全民健身计划。"这一法律的颁布与实施为广大人民群众参与群众体育活动的权利提供了保障,并为全民健身计划的实施提供了法律保障。

我国政府加大了向全体社会成员推广普及体育运动的力度,这不仅符合社会发展趋势,更是迎合了世界体育发展的潮流。随着《全民健身计划纲要》的出台,广大人民群众积极响应政府的这一重大举措,全国各地争相举办全民健身的体育活动,如"万人渡江游泳""老年人门球赛""万人登山""迎春长跑"等,参加人数屡创历史新高,职工参与群众体育活动的积极性越来越高,经常参与群众体育活动的职工人数持续攀升。许多城镇居民积极参加以晨跑和夜跑为主的体育锻炼活动,许多城市街道社区成立各种群众性体育组织。国家开展体育先进县的评选活动,大大促进了少数民族地区体育的发展,带动了农村体育的全面发展,群众体育的活动形式百花齐放、全面爆发。在这期间,残疾人也积极参与体育锻炼活动,残疾人体育得到初步发展,群众体育的基础设施建设也初见成效,在全国范围内开设的各类体育场馆多达55.5万个,体育场地的人均拥有量从1949年的0.05平方米上涨至0.65平方米。

社会经济的发展带动了人们生活、学习、卫生等各个领域的发展,群众体育活动也在逐步渗透到人们生产生活的各个领域。截止到2015年年底,全国范围内经常参加体育锻炼活动的人数已经占我国总人口的33.9%,达到《国家体育锻炼标准》的人数已经超过10亿。我国人民的身体素质得到了极大的改善,人均寿命大幅提升,将"东亚病夫"的帽子彻底扔掉,并向世界展示了中华民族的体魄强健、精神抖擞。随着群众体育改革的不断深化,广大人民群众的体育价值观也在转变,相关调查报告的结果显示,在目前积极参与体育锻炼活动的人群中,有38.99%的人群的价值取向是追求生理健康，而60.36%的人群的价值取向是追求心理健康及社会交际，这表现出了广大人民群众的群众体育的价值观的多元化需求的特征，不仅追求体育的健身价值，而且还追求体育的健心、乐群等价值。然而，当前我国围绕全民健身所展开的工作还存在许多的问题与困难，例如，截止到2015年，我国的体育人口数量占全国总人口数量的比例低，只有33.9%，而在发达国家中，这一比例都在40%以上，由此可见，全国范围内严重缺乏体育锻炼的人数比例还是很高的。与发达国家相比，我国的人均体育场地设施还处于落后水平；以前投资建设的场地存在严重的被占用或被废弃现象，正在使用的体育设施也存在利用率低的问题，相关调查研究数据显示，我国全部开放的场馆比例为44.1%，而未开放场馆的比例高达34.6%；我国从事群众体育工作的人员数量与质量仍有较大的进步空间。

总之，发展群众体育的工作不是一项独立的工作，它与社会的经济、政治、政策、教育、文化等多个领域都存在着联系，我们要密切结合我国的实际国情，在遵循客观规律的基础上，大力发展我国的群众体育。

我国政府出台并实施《全民健身计划纲要》，对我国的体育发展具有重要意义，我国群众体育的发展也因此而实现了一个大的飞跃。在全国范围内实施全民健身计划，有利于提高我国人民的体育素质，同时也有利于促进世界大众体育的发展。我国实施改革开放策略及社会主义市场经济体制的确立，都给群众体育的进一步发展创造了新的历史机遇。群众体育的管理体制、运行机制、组织形式也都发生了转变，群众体育的功能越来越健全，价值取向越来越多元化，活动方式也在朝着自愿、业余及有偿的方向转变，活动内容越来越丰富。总之，群众体育正向着生活化、产业化、法制化、社会化、科学化、普遍化、多元化的方向发展。

群众的体育观念发生转变主要是由于群众体育的功能及价值取向都发生了变革，在计划经济时期，群众体育的功能及价值取向以为国家建设、国防建设服务为主，群众体育属于社会福利事业的一部分，由国家及企业全权负责。而在社会主义市场经济时期，国家更加重视群众体育的本质功能，许多衍生功能得到了极大的发展，从事和参与群众体育事业有利于国家的发展，同时也有利于个人的发展。所以，国家及个人相结合的投资模式应运而生，发展、兴办群众体育不再只是依靠国家，群众体育的费用也发生了转变，由之前的福利型转变为福利型和消费型相结合的模式。

目前，我国的群众体育事业取得了可喜的成绩，但是我们还要清楚地认识到，我国正处于社会主义初级阶段，在发展群众体育事业的过程中还存在很多的困难与问题，比如：群众的健身意识有待提升、体育基础设施有待于进一步完善、相关从业人员的队伍建设问题、管理的科学性及法规制度的全面性等都和发达国家存在很大的差距，在社会主义市场经济体制下发展群众体育的运行机制，还有待于我们进一步地探索与研究，创建具有中国特色的全民健身体系是我国体育事业及社会发展的首要目标与任务。

第二节 不同时期群众体育组织的社会功能

一、体育功能研究的背景与意义

功能是事物的一种属性，是事物改变自身或其他事物的作用与能力。所谓体育的功能，就是体育在实践过程中，改变自身和其他事物的作用与能力。例如，体育的健身功能可以改变人的运动能力与健康水平；体育的社会功能可以改变人与社会的关系；体育的政治功能可以改变个人与国家、个人与社会、国家与国家的关系；体育的教育功能可以改变人的意志和精神等。同样，体育的自我完善功能也能够不断进行自我修复与发展，以适应新的环境和社会要求。

从1949年开始的很长一段时期内，体育的功能被简单化、庸俗化，人们对体育的认识仅停留在生理层面上，认为体育只具有健身功能，主要对个人的身体健康发挥作用以及在国际赛场上"为国争光"；同时在长期极"左"思潮影响下，我国的体育事业又被赋予了极强的政治色彩，人们崇尚"体育为政治服务"的理念，致使我国体育在发展中走过了一段十分艰难曲折的路程。

改革开放以来，不同时期的国内体育活动都顺利完成了不同时期的体育任务，因此，我国学术界对体育事业所具有的功能有了新的认识，这种认识呈现出由单一向多元转变的特点。具体而言，人们对体育功能的认识的发展，大致分为三个历史阶段。

中国运动员于20世纪80年代在国际赛场上获得了优异的比赛成绩，特别是在1984年洛杉矶奥运会上金牌零的突破，将全国人民的爱国主义热情大大激发，这一时期的"四化"建设中必然包括体育建设，国内学术界改变了对体育功能的认识，体育不只是具有增进人民体质的作用，还对整个国家的社会、经济、政治等各个领域有极大的积极作用。例如，北京体育学院于1983年出版的《体育概论》教材将体育的功能进行了详细的划分，大致分健身、娱乐、促进个体的社会化、社会感情、教育、政治、经济7个方面。上述体育的7大功能又可以划分为核心功能和赋予功能，即促进个人发展的个体功能和推动社会发展进步的社会功能。

自20世纪90年代以来，我国迎来了改革开放与经济建设的大发展，其中，体育发展的职业化与产业化促使人们对体育的需求越来越多样化，上至国家，下至百姓，都认识到了体育随着社会的进步与发展，已经渗入并影响到了现代社会的各个领域，学术界必须要对体育的功能进行重新思考。因此，我国学术界的专家从不同的角度分析研究了体育对各个领域所产生的影响，例如：个人领域、社会领域、国家领域、世界领域、自然环境领域等。从不同的角度对体育功能进行分析，将体育功能的多元化展现得淋漓尽致。部分学者将体育的功能归纳为本质功能、派生功能，本质功能体现了体育的本质，是基础，更是源泉；派生功能是在体育基本功能的基础上进行引申，是应用，更是发展。将体育的本质功能充分地发挥出来，为人民大众的健康、快乐、幸福服务，将体育的社会功能不断扩大，让体育在诸多领域内发挥其应有的作用，是体育的派生功能的体现。人类对体育的基本认识就是体育的本质功能的体现，而社会对体育发展所提出的新要求即是体育的派生功能，这两个功能既存在对立性，又存在统一性。2004年，由人民体育出版社出版的《体育基本理论教程》将体育的功能划分为五大类，即健身、娱乐、益智、育德、社会功能。

我国进入21世纪以来，体育将其经济功能、政治功能、外交功能与社会功能展现得淋漓尽致，让人们对体育的功能又有了全新的认识与感受，例如，2001年7月13日北京申办奥运会成功及2008年北京成功举办奥运会。北京成功举办奥运会之后，党和政府提出建设体育强国的战略目标，我国学术界的专家对体育功能的探讨与研究跨入了一个崭新的阶段。特别是2008年以后，借助北京奥运会的成功举办，社会对体育功能的探索将迎来一个新的开端，体育中的一些隐藏的未被发现的功能将会被人们挖掘出来，并不断发展，例如：体育的科技、环保及人本功能等。在科技迅猛发展的当今社会，体育运动也引入了许多高新科技技术，例如：在体育运动器材装备中引入高新技术，在体育信息通讯中引入数码科技，在检测兴奋剂的方式中引入生物基因检测技术等，在北京奥运会的赛场上，大量的先进科学技术被应用到体育之中，在推进体育发展的同时也推进了科技的进步，这就要求应用到体育中的科技要不断创新，大大推动科技生产力的发展。基于此，体育的科技功能将得到更进一步的发展。体育在现代社会中不再只是身体练习或某种运动，而是涵盖深刻思想文化内容的一种社会现象。在新的历史阶段，体育所具有的人本功能将给人们带来更为个性化的人类体育运动方式与方法。

二、我国群众体育组织社会功能的变迁

体育是全世界范围内存在的一种普遍的社会现象，虽然也曾经或者正在被赋予政治色彩，但体育本身与政治利益无关。由于社会环境的不断发展、变化，群众体育与竞技体育的发展都受到了相应的影响，而诸多社会因素，如经济因素、政治因素、社会发展水平因素等都将对社会环境的变化产生影响。

（一）中华人民共和国成立初期到改革开放前我国群众体育组织的社会功能（1951—1977 年）

从中华人民共和国成立一直到我党胜利召开十一届三中全会的这段时间，我国处于计划经济时代，近 30 年中，政治格局发生了很大的变化，同时国家的经济发展水平也在不断变化。在这段特殊的历史时期内，体现我国群众体育社会价值的形式及我国群众体育的主要功能都发生了变化，但概括来说是：我国群众体育处在计划经济时期的起步发展阶段，群众体育的管理机制和当时我国的计划经济体制高度统一，属于具有强制色彩的以政府主导管理的体制。政府包办了大众体育几乎所有形式的活动，从全民运动会等大型赛事的举办，到工厂车间、田间地头的各种形式的体育比赛和锻炼活动，都有着官方色彩，导致我国群众体育活动在管理方面呈现出一种较为理想化但却非常刻板的群众体育管理运行机制。

这段特殊的历史时期，既有着国际形势的尖锐严峻，又处于国内政治斗争错综复杂阶段，群众性体育工作在计划经济体制下艰难起步、发展。1952 年，在中华全国体育总会成立大会上，毛泽东同志为大会题词："发展体育运动、增强人民体质。"这一题词向全国人民发出了发展体育运动的号召，明确指出增强人民体质是发展体育运动的根本目的，为我国的体育事业健康发展确立了指导方针。我国群众性体育事业得到快速发展。《关于加强人民体育运动工作的指示》及《劳动与卫国体育制度》都为我国的

群众体育锻炼事业提供了重要指导。

"文化大革命"给我国社会主义建设事业带来了重大损失，群众体育工作开展也受到了极大影响。在那段特殊的历史时期，我国的群众体育工作被赋予了政治的色彩，无论是宣传角度，还是群众体育工作的实施层面，都体现了群众体育是为了更好地服务于无产阶级的政治需要。这个阶段我国群众体育的功能仅仅是体育活动的本质功能的体现，并未引发出体育活动的连带延伸效应。

（二）改革开放30年群众体育的巨大进步(1978—2008年)

党的十一届三中全会标志着我国的社会主义建设迎来了一个全新的历史阶段。在改革开放的30年中，我国实现了由计划经济转为市场经济的经济体制改革，经济进入了飞速发展的阶段。在改革开放之初的1980年，我国的GDP总量仅为4 545.62万亿元，而1990年则增长至18 667.82万亿元，到了2001年，我国的GDP一举突破了10万亿大关，再到2008年，GDP总量则达到了314 045.43万亿。社会各领域的巨大成就证实了我国走改革开放之路的正确性。在体育领域中，我国的竞技体育也取得了前所未有的好成绩，在国际赛场上争金夺银，直到北京奥运会一举跃升到金牌榜首位，成为名副其实的体育大国。

在改革开放的30年中，我国的群众体育也在快速向前发展，由过去政府主导管理的阶段转变为政府与社会共同管理的阶段。许多社会组织主体开始了如何更好地适应社会发展需求的新探索，也不断尝试在所处政策环境中发挥自身的社会参与功能，为社会发展做出贡献，同时也获得有利于自身建设与发展的政策资源和社会资源。

30年中，我国出台了多种推动群众体育工作开展的体育政策，特别是《中华人民共和国体育法》和《全民健身计划纲要》（1995年）的颁布实施，表现出国家对我国群众体育的管理、运行机制及目标人群的相关政策规定更加系统与规范，在标准的制定上更具科学性。2001年，中国申办北京奥运会成功，为群众体育的深入广泛开展带来了契机。2002年，我国颁布实施了《关于进一步加强和改进新时期体育工作的意见》，为21世纪中国体育事业的发展指明了方向。

从客观上看，我国在成功举办了1990年亚运会与2008年的北京奥运会之后，成为国际赛场上不折不扣的体育大国，但是，体育大国并不能代表国民身体素质的强壮,只有大力发展群众基础体育,巩固群众体育基础,才能实现体育强国的梦想。国家在1995年出台的《全民健身计划纲要》《奥运争光计划》等政策,就是从均衡、可持续发展方面为体育强国目标的实现指明了前进的方向。

我国从改革开放开始一直到北京奥运会成功举办,经过了30年,我国政府工作以经济建设为中心,同时追求精神文明建设,群众体育社会价值主要体现在为经济建设服务。在这个时期,国家给予了广大人民群众的充分的体育权利,群众的生理需要与心理需要都得到了较大程度的满足。我国群众体育的社会价值不断转变,群众体育的功能也越来越丰富。

(三)北京奥运会后我国体育政策的转向(2009年至今)

北京奥运会后,我国先后出台的《全民健身条例(2009)》、《全民健身计划(2011—2015年)》等政策文件陆续颁布实施,与以往不同的是,2008年以后所颁布的群众体育政策文件有了更清晰的表达、更可行的计划、更有效的解决方案,我国的体育事业开始向建设体育强国大步前进。

我国群众体育事业先后发挥了重要的政治功能、精神塑造功能、精神文明建设功能,在进入改革开放深水区后,体育的经济功能不可能被忽视。从各类体育竞赛的市场化运营,到体育健身服务的有偿供给,再到走遍神州大地的体育旅游,无不体现出群众体育事业的经济功能。

2014年10月,国务院颁布的《关于加快发展体育产业促进体育消费的若干意见》提出,到2025年,我国体育产业总规模要达5万亿。在政策的引导下,我国体育产业取得了更大的成就。

现阶段,我国虽然已经开启了政府与社会组织和个人结合办体育的快速发展模式,群众体育的社会价值进化的原动力也比较雄厚。但是我国的经济发展还不平衡,无法达到满足每位社会成员需求的能力,因此还要大力发展经济,提高生产力,同时在国家发展建设的各个领域内,都要不断提高自身实力,提高国家的社会生产力,使我国群众体育的发展更加科学化、社会化、产业化、法制化,我国群众体育社会价值才能得到更多的增值表现机会,其社会价值也能随同增值功能逐渐趋于吻合。

第三节 群众体育组织的制度环境

一、我国群众体育政策的发展沿革及其特点

中华人民共和国成立以来,群众体育的政策发展大致分为以下3个阶段。

(一)群众体育初步发展与政策理论奠基阶段(1949—1965年)

这一阶段的特点是:中华人民共和国成立以后,发展新型体育,实施新的政策。新型体育政策的标志性目标是为人民服务。1949年9月,政协会议通过的《中国人民政协会议共同纲领》就提出,要着力发展群众体育。20世纪50年代初,体育工作主要由共青团中央管理和领导。时任团中央书记的冯文彬提出为大众服务的体育方针,同期毛泽东的"发展体育运动,增强人民体质"的倡导口号,共同体现了我党的宗旨,并发展成为群众体育的理论基础。虽然因为当时的法制环境不够成熟,许多的体育政策也不过出现在领导讲话中,但不可否认的是,各项政策法规的制定和出台确定了普及与提高综合体育素质共同进步的重要战略方针。

(二)群众体育受到干扰和破坏(1966—1976年)

"文化大革命"时期,"四人帮"反革命集团在体育界大力开展"体育革命",认为体育是独立的,脱离了政治,不再受无产阶级的领导,是资产阶级体育。在体育革命的过程中,群众体育的发展受到极大的破坏,部分体育机构被强制解散,体育活动的组织与开展也与自然规律不相符,群众体育受到了重创。但是从另一个角度来说,由于人民群众的尊崇以及领导的倡议,部分群众性的体育活动也得到了一定的发展,例如:乒乓球、滑冰、游泳等,但许多的较大规模的群众性体育活动多数与政治相关,表现出明显的形式主义。

(三)群众体育恢复和发展阶段(1977—2005年)

1. 社会主义群众体育恢复阶段(1977—1994年)

"文化大革命"结束后,1978年召开的全国体育工作会议就提出,"文化大革命"过程中出现的各种批判体育的政策均属于修正主义,给体育工作带来了巨大的负面影响,要坚决消除。同时也对许多行之有效的具体体育政策予以了肯定。这些具体的体育政策不仅反映了群众体育发展的客观

规律，同时有效地激发了群众开展体育活动的激情，有效推动了群众体育的发展。会议明确指出，要归纳失败经验和教训，在客观准确的调查研究基础上，制定法规，把遭到"文化大革命"破坏的好政策、好法规恢复建立起来。

2. 社会主义群众体育迅速发展阶段（1995—2005年）

这一阶段，群众体育政策不断进行调整和改进，增加数量，提高质量。这一阶段群众体育政策的特点是：随着法制化进程的不断加快，体育政策多以宪法、法律、行政法规以及规章制度的形式表现，表现出体育政策法治化的趋势。

从对体育政策的回顾分析中不难发现，群众体育政策的发展是一个从单一到复杂完善的发展过程。政治导向、经济水平等多种因素共同对体育政策的制定和实施产生影响。

二、群众体育综合指导性政策

与我国群众体育有关的各项政策以中共中央、国务院和全国人大为主体制定。目前还对我国群众体育具有指导性的政策主要有：1982年出台的《中华人民共和国宪法》；国务院于1995年出台的《全民健身计划纲要》；全国人大常委会于1995年8月29日通过的《中华人民共和国体育法》；2002年7月22日出台的中共中央、国务院《关于进一步加强和改进新时期体育工作的意见》（中发〔2002〕8号，以下简称"中央8号文件"）。在开展群众体育活动的过程中，一些相关政策会以政府白皮书的形式颁布。政府白皮书属于政府部门正式颁布的重要文件或重要报告，通常政府白皮书都是带有政策色彩的。

（一）大力推广全国范围内的健身活动，提高人民体质

关于在全国范围内推广、开展全民健身活动，提高人民整体体质的指导性政策有很多，如"中央8号文件"、《中华人民共和国宪法》《中华人民共和国体育法》以及2000年由国家体育总局制定的《2001—2010年体育改革与发展纲要》中都有详细的规定。在此不一一赘述。

（二）全国体育工作的基础和重点是群众体育，要实现竞技体育与群众体育的共同发展

1. 全面体育工作的基础与关键是群众体育

竞技体育与群众体育是我国体育事业的两个重要组成部分，正确理解和处理群众体育和竞技体育的关系尤为重要。群众体育和竞技体育孰轻孰重，在不同的历史时期、不同的地域限制下，有着不同的认识和处理方式。但从全局上看，党中央领导集体在指导思想和相关政策上都有过明确表示。和竞技体育相比，群众体育既是基础又是关键，这与客观体育规律的结论是一致的，其理论基础是群众体育可以增强人民群众的体质，这也是体育活动的本质体现。当然，在一定的社会环境中或处于不同的历史时期，本来矛盾对立的两个方法也是可能发生转化的。

2. 竞技体育与群众体育共同进步

在体育与所处的社会环境关系中，体育要与社会经济协同发展；在内部，群众体育要与竞技体育共同进步。体育与政策的协同发展，本质上是对群众体育的保护和鼓励。

从20世纪70年代末开始到现在，中国社会主义体育在政策方面几经变迁，基本沿袭以下发展道路：普及与提高相结合战略→侧重抓提高战略→奥运战略→群众体育和竞技体育同步发展的战略。侧重抓提高战略是在1979年提出的，当时的国家体委从理论关系上进行了多次的广泛深入探讨以及理论铺垫。奥运战略对我国体育的发展做出了无可取代的贡献，但我们也要认识到，在奥运战略的具体实施中，不自觉地将天平偏向了竞技体育的方向，对群众体育在人力、财力和物力上的投入减少了，导致这一阶段群众体育发展出现了相对不足的现象。

从20世纪80年代末开始，我国的体育工作者们从不同的角度及不同的范围来考虑与群众体育发展有关的问题。在1987年举办的全国体育发展战略讨论会中提出："全民健身战略要以发展青少年的体育活动为重点，竞技体育战略要以奥运会为最高层次，同时要注意全民健身战略与竞技体育战略协调发展"，有人将群众体育和竞技体育协调发展的方针简称为"协调发展"或"协调发展战略"。协调发展是我国体育事业较长一段时期需要坚持的方针，既要保证竞技体育的国际地位，又不能忽视群众体育的基

础地位，同时还要兼顾体育为提高全民身心健康、促进社会和谐发展的基本需求。

三、群众体育的相关组织管理政策

我国的宪法与政府组织法对群众体育的相关组织管理政策做出了明确的规定，党中央国务院、各级地方人民政府以及民族自治机关等对群众体育具有领导和管理的权利，对群众体育工作统一领导。①

我国群众体育领导体系的具体表现是在党中央与各级人民政府设置相关职能部门。例如，国家体委在1953年新设立"群众体育指导司"（3年后更名为"群众体育司"）。另外还有在不同行业领域内的行政或事业单位设置的群众体育的相关职能部门，例如，教育部主要负责管理学校范围内的体育，全国总工会则主要负责各行各业与职工有关的体育，农业部则主要负责管理与农民有关的体育，民政部则主要负责伤残人士在体育方面的管理，中央军委负责军队体育等。

我们应当充分肯定上述各方面对群众体育事业做出的突出贡献，从某种程度上说，我国群众体育管理体制在较长时期内受竞技体育的影响，也是在政府主导下，充分动员行政资源，发动全民积极主动地参与体育活动。

为更好地促进群众体育工作的开展，国家根据不同行业、地域等进行细分管理，围绕城市与职工体育、农村群众体育、学校体育、军队体育、老年人和残疾人体育、民族传统体育等不同的体育发展主体制定推出不同的体育政策，以促进全民体育的顺利开展。

在城市社区中，各级人民政府把大力发展社区体育放入城市的发展规划之中。在工矿企业，各级工会组织和各行业体育协会统筹安排，面向全体职工开展小规模、多样化、丰富多彩的业余文化体育活动。在广袤的农村，农民群体体育事业也开展得如火如荼，国家体育总局与农业部联合在2002年颁布了《农村体育工作暂行规定》，为农村群众体育工作所涉及的物质保障方面、体育骨干队伍建设方面、体育训练活动的开展方面做出了详细的规定。在大中小学校内大力发展青少年体育运动，各级各地的教育和体育部门对学校的体育工作都给予了高度关注，在我国的体育人口中，以学生为主体的青少年是极其重要的组成部分，全国范围内每年都有上亿的学生进行体育达标测试。在军事体育领域中，军队的体育政策是由中央

---

① 马宣建．论中国群众体育政策[J]．成都体育学院学报，2005(11)．

军委确定和实施的，以军事训练的方式来确保军队的战斗力，同时，积极参加国际军事体育竞赛，展示我军风采和作战水平。老年人和残疾人是我国人口中的特殊群体，从社会角度来看，老年人和残疾人是弱势群体，但同样不可忽视，因为这关系到国家制度的优越性和人民的基本福利。国家体育管理部门对老年人体育工作一向给予高度关注，中国老年人体育协会在制定老年人的体育政策上也做出了许多工作，为老年人的业余生活增添了更多的乐趣。而残疾人群体也通过适合的运动形式重新建立信心，展示坚强拼搏、不畏艰难的良好精神面貌。我国是拥有56个少数民族的大家庭，在人口数量上，少数民族总人口已达1.6亿，大力发展民族传统体育对我国体育的整体发展有重大意义。针对民族传统体育，国家在政策上对多民族体育项目的协同发展更为重视，对民族传统体育项目加大了研究和发展的力度，国家牵头主办的全国少数民族运动会每4年举办一次，这对促进民族传统体育的发展来说具有很大的现实意义。

在群众体育的经济与产业领域中，体育彩票的批准发行是一项重大的政策突破。中国体育彩票到2014年年底已经累计筹集公益资金2 484亿元人民币。体育彩票公益金属于中央级支配的部分，用于群众体育发展的公益金可达60%以上。利用体育彩票公益金建设的"全民健身工程"遍及城乡各地，各类健身路径工程更是涉及许多居民小区，为城乡居民的体育锻炼创造了良好的硬件环境。相关文件强调，我国各级人民政府对群众体育基础设施建设要给予高度关注。新建的居民小区内以及各类中小学校内必须要有相配套的体育基础设施。

群众体育的科教与宣传也非常重要，在我国，群众体育的科研程度远不及竞技体育科研的精细度。随着群众体育的不断发展，与群众体育相关的科研也越来越受到重视，党和政府在政策法规的制定上也给予了很大的鼓励和扶持。国家体育总局在近几年的体育社会科学研究项目的立项中有1/4是群众体育项目；在发掘研究体育健身方法和项目方面，在研究制定群众体育政策法规方面，在监测国民的体质方面，在大规模地调查与研究中国群众体育现状方面以及在编制广播体操等方面都有了很大的进展。另外，各地根据自己的实际情况，推出了许多地方性的群众体育政策，如湖南省出台了《湖南省全民体育健身条例》，云南省也出台了《云南省全民健身促进条例》等，这些政策都在当地的群众体育推进工作中发挥了重要的作用。

群众体育也在不断地加强对外学习交流，在向国外介绍我国人民福利的同时，把我国的传统文化向世界进行推广。我国先后对多个国家的群众体育活动的开展情况进行深入调查与学习，同时积极参加或者承办一些群众体育竞赛活动，例如：太极拳、龙舟、武术、毽球、舞龙、舞狮等。我国在与多个国家开展交流合作学习的过程中，对外国的群众体育发展的先进经验进行了了解，并且将我国群众体育发展的经验与成果分享给了世界各国。

图 1-1 赛龙舟

图 1-2 打太极

第四节 现阶段群众体育组织建设的意义与价值

随着我国群众体育的不断发展，在某种程度上，其社会价值和功能的趋同是社会成熟的一个标志。群众体育与竞技体育的关系是相辅相成的，实现两者的共同发展才是体育强国的表现。目前我国群众体育的发展还很不平衡，但是，随着中央政策力度的不断加强，特别是《健康中国2030》的颁布实施，相信在社会环境逐渐完善，社会力、经济力和政治力不断加强的情况下，我国能够实现"全民健身"的群众体育的目标，同时在坚实群众体育基础的前提下，实现竞技体育的大发展，早日实现体育强国的目标。

体育活动不仅是身体的运动，也是一种社会文化活动，人们享有公平的体育活动的权利。体育的特征是通过锻炼身体，增强体质，提高个人综合素质能力，为社会发展服务；群众体育的特征涵盖了体育的所有特征，同时还具有竞技体育所不具备的特点，例如：休闲性、多样性、自主性、区域性等。与个人体育相比，在社会发展过程中，群众体育更容易受到其他环境因素诸如政治力、社会力、经济力等的影响。因此，在不同社会阶段群众体育的功能与社会的价值具有不同的体现。

一、群众体育在社会福利及改善民生方面具有促进作用

自古以来,体育作为一种文化现象,一直伴随着人们的生活和人类文明的发展进步,公民享有的权利之中就包括体育权利,这一点已经被我国及国际上大多数国家认可。在国际上以及在我国的法律上都是可以找到相关的立法支持的。

随着人类进步和社会环境的不断变化,人们比较容易接受现实生活中的价值观,而政府希望以群众体育的形式发展从而改善这种社会价值。很多国家都已经意识到群众体育的发展能够有效降低医疗和卫生方面的财政预算,以政府引导和法律法规的形式来鼓励民众参加体育活动。例如,从群众体育的组织管理与运行机制的角度来说,发动新闻媒体传播健身健体思想的意义和作用非常重要。对于人民群众来说,参加群众体育活动,加强体育锻炼既能强健体魄、提高生活质量,同时又减少了社会运行成本,促进社会福利的提高。群众体育的开展在改善民生质量方面有独特的、巨大的促进作用。

二、群众体育对经济增长以及提高教育质量具有促进作用

从我国群众体育事业的发展历程来看,其发展与国家的经济水平具有非常紧密的联系。国家的经济发展与国家对体育事业的投资力度及管理水平对群众体育事业的发展有重要的影响,政府对公共体育服务加大投入,可以激发群众参加体育活动的热情;GDP的快速增长直接导致居民可支配收入增加,同时,体育产业的蓬勃发展也会带动群众体育消费,促进传统观念转变,不仅使人民群众拥有健康体魄、生活质量大幅提升,而且还带动了体育经济的快速增长,促进了我国经济发展的多元化。未来我国的体育事业必将推动我国经济增长。

群众体育对一些专业团体、俱乐部、各种协会以及学校等有关体育的教育机构有强大的促进作用。信息技术的普及为人们提供了更为多样的学习途径,人们的健康意识越来越高,以家庭体育为主的活动逐渐增多,这些都有效弥补了在其他方面体育锻炼时间不足的缺陷,对我国群众体育开展具有很强的促进作用。

三、群众体育对人格形成及养成正确的道德观具有极大的促进作用

目前,网络充斥着人们生活的各个领域,许多活动的开展都已经无法离开网络,网络世界中一些虚拟的东西让人迷惑,先进的科技与网络给人类社会带来了便利的同时也带来了许多副作用。在许多公共场合,如在公交车、火车、地铁上,有许多人都成了低头族、手机控等,严重阻碍了人与人之间的正常交流。许多现实生活元素在人们的生活中消失,如果人们出现对价值观分辨不清的情况,那么问题就严重了。

团队带给每一个个体的不仅是支持,还包括归属感、爱、规则的约束。人们在参与群众性体育实践的过程中可以使自己懂得分享与合作的快乐以及"遵守规则"的重要性。人们在参与体育活动的过程中,社交能力及道德观念普遍提升,使人们相互之间的凝聚力显著提高,同时还可以避免孤独症发生;积极参加群众体育有利于促进家庭和睦及朋友圈子的和谐共处;积极参加群众体育使人们的业余生活变得更加有意义;群众在参与体育活动的过程中学会一定的技能,对群众的认知能力及学习能力具有一定的提升作用;可以培养人们形成具有勇敢、耐心、正义感、团结精神、爱护环境、尊敬他人等品质的完美人格及正确的道德观。

第二章
政府职能转变与公共体育政策走向

第一节 新的历史时期与社会背景下群众体育发展

一、政府职能转变

政府职能转变是指国家行政机关在一定时期内，根据国家和社会发展的需要，对其应担负的职责和所发挥的功能、作用的范围、内容、方式的转移与变化。近些年来，政府职能转变成为一个热词，政府在运转中，正在逐步加大政府机构服务社会的职能。2016年5月9日，在国务院召开的全国推进简政放权放管结合优化服务改革电视电话会议中，李克强总理再次强调，"深化简政放权、放管结合、优化服务改革是推动经济社会持续健康发展的战略举措。推进行政管理体制改革是全面深化改革的重要内容。"习近平总书记在十八届二中全会第二次全体会议上明确指出："转变政府职能是深化行政体制改革的核心，实质上要解决的是政府应该做什么、不应该做什么，重点是政府、市场、社会的关系，即哪些事该由市场、社会、政府各自分担，哪些事应该由三者共同承担。"

总书记的讲话对当前我国正在面临的政府职能转变工作进行了系统和深入的剖析指导，归根结底要落在资源优化配置这个基本点上，即要处理好政府、市场和社会的关系，明确责任和义务，调动一切积极力量，减少内耗、提升运行效率。这就需要政府继续推进简政放权，改革行政审批制度、明确政府权力清单，确保做到"法无授权不可为"。在简政放权的同时，政府还要做好"管"的工作，即做好各种监管，保证社会资源的有效使用。在社会领域，政府职能转变要不断加强，优化公共服务、持续增加公共服务的有效供给，构建多元化的公共服务供给体系，鼓励社会组织积极参与社会公共服务，不断开放政府购买社会服务的形式来促进社会组织的健康成长。

二、政府职能转变对体育事业的影响

中国体育管理改革的目标之一是逐步实行管、办分离，而体育行政部门更多的管理职能将由非营利体育组织来承担，这将是中国体育管理体制改革发展的必然趋势，也是发达国家现行的体育管理模式。非营利组织为公民追求社会公共目标提供了一个良好的平台，在体育领域也存在着因体育公共服务产品供给不足所出现的问题。因此，合理地发展中国非营利体育组织，满足群众对体育公共服务产品的需求，有利于促进中国体育事业快速发展。

从1992年中国足球协会的"红山口"会议开始，我国体育领域开始把足球运动作为体育改革的一个切入点，开始了职业化道路改革的尝试，这次会议可以视为我国体育事业发展中一个划时代的标志。1994年中国足球甲级联赛正式开赛，首届冠名为"万宝路中国足球甲级联赛"。此后，中国男子篮球甲级联赛、羽毛球天王挑战赛、维达杯排球联赛等一系列的职业化赛事搅动了整个中国体育的波澜。这些在过去举国体制下进行的体育改革，为中国体育事业带来了新鲜空气，从政府供血到市场化改革，政府逐渐把本应归市场监管的体育产业交给市场，促进了中国体育产业的大发展。

随着体育改革的进一步深入，人们发现体育领域中频频出现政府和市场双失灵的问题。既有足球领域中的假球黑哨，也包括群众体育公共体育服务产品严重不足，各种问题，不一而足。一些有识之士开始探索中国体育的均衡化发展——既要保证金牌战略的顺利实施，又要确保全民健身目标的不断实现。于是，独立于政府和市场之外的第三方组织在体育领域中的作用逐渐凸显。原来的各种协会——俗称"一个班子两块牌子"的运行模式越来越受到人们的质疑。

北京奥运会后，随着政府职能改革的不断深化，党中央、国务院在多次会议中形成文件，督促各领域积极推进。体育事业积极响应，打破各种利益藩篱，再一次在深化改革的道路上启程。从足协到篮协，再到各运动管理中心所建立的不同项目协会，均开始了更有时代性的改革。由此，中国也开始了从体育大国向体育强国的转变。

2014年国务院印发了《关于加快发展体育产业促进体育消费的若干

意见》，标志着全民健身已经上升为国家战略，《"健康中国2030"规划纲要》的颁布实施，为全民健身融入民族复兴大业做了更好的题注。各种关于体育事业、体育产业的利好纷至沓来，给我国人民带来了以体育为重要选择的健康生活模式的新气象，也为各种体育社会组织的快速发展开创了良好的社会氛围和发展空间。

三、政府职能转变对大众体育的影响

群众体育的主体是人民大众，从事这项活动的目的主要是强身健体、愉悦身心。群众体育是以多样化的身体练习或身体运动为主要手段的一种社会现象，在国外，群众体育又常常被称为"大众体育""你也参加""健康行为""保持健康"等。

在新的历史阶段，我国的经济体制与政治体制都发生了重大的变化，这就直接影响了我国政府权力的转移及社会结构的变迁，各个类型的社会组织在这种新的历史条件下慢慢发展壮大。在体育体制改革的进程中，国家体育管理部门将一部分职能转交给社会组织，群众体育组织如雨后春笋般大量涌现，这也是时代发展的必然。目前，有一些群众性体育组织已经具备了承担一部分政府转交的职能的能力。但大部分群众体育组织的身份属于"非法"，这就使得其在经营活动范围上受到诸多限制，同时生存环境令人担忧。部分群众体育组织的发展受到阻碍的根本原因在于其身份的"非法性"，基于此，现阶段的主要任务就是帮助群众体育组织实现正规化和合法化，与此同时，还要积极调动社会力量，推进群众体育组织持续、健康、有序的发展。

随着时代的发展、社会的进步，人类在自然认知、社会认知、自我认知方面的能力不断提升，在对体育价值的认知方面，国家及人民大众也都在不断进步，并有了一个全新的提升。与此同时，社会的进步对人类体育的整体层次与持续发展有了新的、更全面的、更高的要求，传统的、单纯的生物体育观已经与现代社会对体育的要求严重不符，曾经被国家及社会大众坚守的单纯竞技体育观正在逐渐向竞技体育与大众体育有机融合的综合体育观方向发展。

现阶段我国体育的"高度化"与"大众化"趋势越来越显著，已经形成了具有国际性的"第二奥林匹克"新热潮。曾经体育只属于极少数的天才运动者，而现如今却是人民大众日常生活中不可或缺的一个重要组成部

分，体育已经深入到了每一位国人的心灵深处。

如果"奥林匹克"是体育的代名词，那么它一定是一个具有多重含义的代名词，它绝不仅仅局限于竞技运动，我们必须要对这种认识进一步清晰化、深刻化。

通过对国际上群众体育的现状及发展趋势的研究，不难发现，其实群众体育的根本就在于"创造可以使所有人都能接触体育并享受体育的一些客观条件"，即创建出一种"不管是谁、不管是什么时候、不管在哪里"都能接触体育并享受体育带来的乐趣的客观条件。

群众体育在发展过程中可能会受到多种因素的影响，一定要重视宣传工作与组织工作，这是大力发展群众体育的两个重要手段。有力的宣传工作可以在大众的需要与满足之间构建起一座桥梁，促使人的需要有效转化为动机，最终形成行为。组织工作对群众体育的发展及兴衰有决定性的作用，这是由人类的基本需求及体育与组织之间关系的重要性决定的。

著名的马斯洛层次需要理论指出，人类的需要被划分为五种，即生理需要、安全需要、爱及团队归属需要、自尊及受人尊重的需要、自我实现的需要。生理需要与安全需要虽然要受到社会发展条件的影响，但还是属于个人水平需要的范畴，爱及团队归属需要、自尊及受人尊重的需要、自我实现的需要都和人类的活动方式及组织活动密不可分。而体育组织所具有的职能作用可以满足社会人的这些需要。从体育与组织的关系层面来分析，社会人在开展体育活动时要具备的必要条件就是组织活动，通过对大量的国内外的调查结果进行研究分析，不难发现，个体参与体育活动的重要阻碍因素就是缺少伙伴；不管人们是否意识到，体育项目基本上都是集体性的，单纯个人从事的体育项目是非常少的；组织的价值就在于使独立的个体通过组织进行活动，可使个体获得"和大家一起干比自己独立干更能体会到满足"的感觉，它还能使个体更愉快、更全面地满足不断变化、不断提高的体育要求；组织的活动更加具有教育意义，它充分实现了体育的社会化功能，强化了个体的"我们"意识及归属感，同时有利于良好的、健全的规范形成。从国际范围来分析，对于群众体育的组织化来说，其并非是一个全新的研究方向，在国际上，很多国家都对这一领域的研究表现出了高度的热情。目前我国还处于社会主义的初级阶段，但我国一直是以生产资料公有制为基础的，对我国的精神文明建设具有非常高的要求，群众体育的发展对我国的精神文明建设将功不可没。但是，现阶段的实际情况是，群众体育的发展无法与竞技体育相提并论，竞技体育仍是主流，而与群众体育组织和组织化过程相关的研究还非常少。这就严重制约了群众体育社会作用的充分发挥，对我国体育全面、持续、协调发展产生不利影响。所以，要深入研究国际上群众体育发展的变化，就必须要转变思想，密切结合我国的实际国情，深入联系我国群众体育发展的具体实践情况，对群众体育组织化问题开展深入的研究。

第二节　群众体育组织发展中面临的机遇与挑战

当前我国正处于社会转型时期，面对日益增多的社会问题，社会治理方式亟待转型以适应新的历史发展要求。在社会管理体制逐步向"小政府、大社会"的"有限职能型"转变进程中，政府对社会资源和空间的控制逐渐放松，社会自治组织或者社会志愿服务组织需要尽快介入到政府所让渡出来的领域以及新出现的社会管理领域当中。《中共中央关于构建社会主义和谐社会若干重大问题的决定》明确了要"建立与政府服务、市场服务相衔接的社会志愿服务体系"。在自发性群众体育组织中，往往由有着体育特长和体育意识强烈的公益人士担当组织的骨干成员，从而组建起一支有共同喜欢的运动项目的健身团队，骨干成员需要用自身的时间、体育知识和技能等资源，在群众体育开展中为居民的健身活动和体育公益事业提供帮助或无偿服务，而这个组织的性质从创立伊始，就已经明确为非营利、自娱性的体育社团组织。在社会转型期，这种形式的体育社团组织成为公共体育服务和市场体育产品之外的第三大力量，且发挥着越来越重要的作用，为增进居民的身心健康、融洽居民的人际关系、构建和谐社会发挥更积极的作用。

从政府的管理思路转变来看，多个政策文件的出台为群众性体育组织的健康成长与规范发展创造了良好的政策环境和社会空间，这无疑是体育社团组织发展的重大机遇。但同时，我们也需要看到，我国经过30年的改革开放，虽然人民生活的物质条件得到极大改善，但从居民的思想意识到政策服务的社会管理，还存在着一系列的问题，这也是群众体育组织在发展中不可回避的挑战。

一、群众体育组织发展中面临的机遇

（一）我国政府职能的转变为体育社团的发展创造了广阔的空间

我国政府职能的转变使政府不再是社会体育的国家代理人，政府在社会体育中的包办福利角色开始弱化，传统的"单位制福利"也逐渐淡出；在新的形势下，家庭、市场、社会及国家在社会体育中开始探索、寻找、形成全新的利益结构关系网。行政权力对社会体育的影响力也大不同于以往，不能再强制性地要求所有个人必须依附于单位、所有单位必须依附于国家。在改革中，单位逐渐转变为具有单一功能的独立利益主体，并非是统揽一切、无所不管的社会基本组织形式。单位具有的体育管理作用以及新出现的一些矛盾与需求，促使个人、家庭及社区在我国的社会体育领域要承担起相应的责任。

群众体育社团组织有利于社会体育自治能力和自我造血机能的培育，有利于创造出适合社会体育发展要求的自治条件与自治方式。在政府职能尚未改变之前，政府机构是社会体育组织系统的最高领导者与管理者，具有保护社会体育整合性的职责，并因此衍生出一些弊端。通过对社会学理论的研究，我们发现，要想实现一个社会的整体效益，关键在于社会组织的异质性，而并非是同一性。目前社会团体具有网络组织结构，在保留自身独立性的前提下，具有较强的团队合作精神，在现代社会中，这样的社会团体对社会的整合有关键性的作用。现如今，在政府职能发生转变的基础上，要重视体育社会团体的培养工作，形成社会化的群众体育和多元化的群众体育，实行层次化管理模式是我国体育社会团体发展的必然要素。到目前为止，如果说经济结构的开放调动起多层次而且大量的体育需求，那么，中国体育社会团体是否能在将来得到持续健康发展，将主要由社会结构的开放程度来决定，同时取决于社会体育团体的整合作用。

随着市场经济的不断深化改革，尤其是伴随单位体制的淘汰，计划经济体制下的计划体育管理制度越发不能满足现代群众体育的需要，相关政府职能部门意识到有些事情只靠政府机构和相关组织的管理无法达到预期的需要，只有建立新型的群众体育管理体制，不断调整以适应不断变化的需求才能从根本上解决问题。由于政府部门和单位组织的管理能力和经历都有一定局限，不可能完全满足群众体育发展的所有需要，群众体育需要依靠社会力量，这就要求社会力量加入，"社会文化体育生活不能脱离组织与机构而存在"。具有新的特征的各类单位团体和机构及其组织成员、无单位人员、老龄人口和社会流动人员的急剧增加，使群众体育良性发展所需的体育组织化程度明显降低。而这种程度的降低导致社会转型期产生的许多复杂的群众体育的矛盾和问题难以解决或者难以使其得到有效控制，甚至政治和社会稳定还会受到威胁。为了适应不断变化的市场经济的需求，实现依靠社会力量促进群众体育发展的目的，允许和鼓励各类体育社团组织健康发展并给予其相应的政策扶持就成为当地政府的一项重要工作任务。

　　长久以来，由于体育事业的管理体制一直都是由政府实行高度集中的行政管理，没有现成的社会团体为群众体育提供管理支持的通道，于是就不可避免地产生了体育事业由谁接管的问题。到20世纪末，政府职能转变问题逐渐开始被提上议事日程，在这种情况下，群众体育中社会团体的发展迎来了崭新阶段。伴随着社会主义市场经济体制的确立、社会经济利益格局的重大变革、国有企业的深化改革，在计划经济体制背景下建立的一整套群众体育的管理模式也随之失去作用。所以，在群众体育的发展上，政府也不能再将单位作为实现群众体育、贯彻落实有关各项群众体育政策方针的主体，甚至是唯一的管理主体。

　　行政体制直接影响体育社团的发展空间。政府如果不将高度集中的群众体育管理权放开，群众体育的社会体育社团就无法发挥其应发挥的作用。为了能更好地适应日新月异的市场经济环境，在这个大环境下促进群众体育的进一步发展，不断满足民众持续变化的体育需求，各种体育社会团体将成为开展群众体育活动的最主要组织形式，体育的社会团体将成为社会大众与政府部门之间的纽带，同时还能实现政府等职能部门都无法实现的"行业自律"。所以，政府不但要允许，而且要主动地推进各种体育社会组织的发展，并且逐渐赋予这些体育社会组织一些公共管理权力。另一方面，随着社会力量的不断增强，各类社会组织也在寻找更大的、适合自身发展的空间，政府的鼓励支持势必会成为各类体育社会组织发展的动力。而且，随着改革开放的不断深入，政府机构也在进行不断的改革，政府部门的行为方式和职能也发生了很大改变，这种改变蕴含着国家与社会关系变化的内容。行政调节的比重降低就代表着生活空间的增大，为各类体育社会团体提供了更大的发展空间。

（二）市场化的改革为体育社团的发展提供了资源基础

市场经济体制的深化改革为体育社会团体的发展带来了物质和经济基础。在同一个社会环境里，如果所有资源掌握在政府手里，个人和组织都完全依赖政府拨给的资源才能得以生存，换句话说，所有获得必要资源的渠道都由政府管理，个人和组织的发展完全由政府决定，那么社会领域的自治也就无从谈起。由于长期实行非市场经济运作模式，导致基层群众体育管理体制严重缺乏自我生存和自我发展的能力。

有些社团拥有一定的市场基础，可以对社会体育的需求提供及时的供给，他们主要是从"体制外"获取资源的。这一点体现了社团的独立性，在一定程度上决定了其是否可以生存及发展下来。体育社团不具有政府机关的权力，并不能向社会强制索要资源，否则将会受到法律的制裁。这些社团获取资源的途径一般是利用自己的体育产品及体育服务和社会进行等价的、自愿的交换，也就是说通过组织或指导等为社会创造公共物品或服务来赢得社会的支持，如今天非常流行的健身俱乐部中的各种健身指导服务。

体育社团一方面要考虑民众的体育需要，另一方面要满足民众的体育需要，而且社团所提供的物品或服务对民众体育需要的满足程度是由市场和社会来评判的。假如没有获得民众的认可，根据自愿的、平等的、等价的交换原则，社团将没有办法从社会那里得到维持其生存与发展所必需的资源。目前，我国政府对社团采用的管理体制是"双重管理体制"，体育社团活动不可以损害政府的利益，不可以违背政府的意志，才具有合法性，否则我国政府会直接终止体育社团的一切活动，甚至会取缔该社团。所以，体育社团要以服从政府意志为前提，这也是体育社团获得合法性的前提条件。但体育社团与国家的行政机关不同，不可能像国家行政机关那样获得国家的财政拨款，所以体育社团要想在"体制外"获取资源，就要完全服从社会的意志，尽全力满足社会的需要，如若不然，体育社团就得不到社会及市场对其的认可与支持，就不能从市场和社会中获得其所需要的资源，体育社团也将无法生存下去，更谈不上发展。

在政府职能转变之前，传统的体育管理体制的特点之一就是国家将大部分的稀缺资源及结构性的社会空间进行垄断式的管理。我国从20世纪70年代末期开始的经济体制改革，改变了资源的配置体制，由国家控制的资源的范围逐渐缩小，且控制力度慢慢减弱，这就使得一部分资源脱离了政府的垄断式管理，作为"自由流动资源"流入社会或市场。

第一，国家对稀缺资源的管理放松。改革开放为人的自由流动创造了更为广阔的空间，各类组织在社会领域中可以比较自由地获取人力资源。所有制结构的多元化促使经济资源及资源拥有者的成分逐渐多元化。人们可以依据自己的意愿对自己掌握的经济资源进行支配。经济资源的多元化为体育社团的"体制外"获取资源创造了条件。在这种环境中，体育社团只要能提供出被社会和市场认可的体育产品及服务，即便无法获得"体制内"的财政支持，也可以通过"体制外"的途径求得发展。市场化的改革给体育社团创造出了一条可以不依靠政府经济力量也可以生存发展下去的道路。

第二，政府职能转变后给体育社团的发展创造了"自由活动空间"。这一空间的创建与扩展，与"自由流动资源"的开放具有同样重要的意义，人们使用"自由流动资源"的具体场所就是"自由活动空间"。没有"自由活动空间"的"自由流动资源"是没有实质性意义的。在"自由流动资源"不断地流入社会领域的同时，社会体育的"自由活动空间"越来越大，这都将为体育社团的发展创造史无前例的生存资源及生存空间，同时创造了更多的发展机会。

在我国政府职能转变过程中，思想转变至关重要，原有的"管理"思路正在向"服务"思路华丽转变。在群众体育服务领域，政府已经深刻地认识到简单的提供公共体育服务远远跟不上群众体育需求的爆发式增长，在深入调研各地非营利体育组织的发展情况后，多地开始试水政府向非营利群众性体育组织购买公共体育服务，这样一来，一方面解决了政府在公共体育服务供给方面的严重刚性不足，为群众提供了更为规范化的体育服务，又在一定程度上解决了非营利体育组织的发展资金困局，同时促进了非营利体育组织的健康、规范发展，可谓一举多得。

例如，2015年，江西南昌市政府印发了《关于政府向社会力量购买服务的实施意见》，开始尝试政府向社会购买公共体育服务的举措。在这一过程中，南昌市政府面向社会进行公开招标，通过竞标让有能力的非营利群众体育组织来承接政府主办的群众性体育活动，要求参与竞标的非营利体育社团组织需要具备"合法"身份（即在民政部门登记），有组织和指导群众性体育竞赛的能力，经常参与科学健身知识普及工作等。

在这一政策下，南昌市把业余羽毛球俱乐部联赛、乒乓球锦标赛等

10 项群众性体育活动纳入政府购买社会组织体育服务的计划，年投入 50 万元专项经费，为这些群众赛事上水平、提品位、扩影响、强服务给予了相当大的支持。从政府管理部门到实际受益群众，皆大欢喜。①

2016 年，苏州市开始了政府购买公共体育服务的尝试，当年共计 47 项政府购买公共体育服务项目受益，从体育舞蹈舞星争霸赛、舞林大会，到足球业余联赛、家庭乒乓球赛等，各种形式的群众体育赛事得以顺利展开，部分赛事在官方和民间的共同协作下，正在向着"系统化""品牌化"方向发展，多个承接相应赛事的非营利群众体育组织的社会参与积极性得到了极大激发，在赛事举办、活动保障、服务水平等方面都有了大幅提升，专业化能力也得到了锻炼。②

群众体育相关赛事

（三）人民大众的体育参与意识不断提高，为体育社团的发展输入了新鲜血液

改革开放以后，人们的生活水平明显提高，大众对体育的需求也与日俱增。我国于 1995 年推行的《全民健身计划纲要》对我国的社会体育发展具有重要的推进作用，有利于发动更多的人民群众参与到社会体育中来。

近年来许多大规模的社会动员活动不断开展，例如：全民"健身周"或"健身月"等。这样的大规模社会活动是一种人为的社会动员，活动的顺利开展离不开一些必要的因素，例如：活动的发起者与组织者、活动针对的动员对象、活动动员手段及活动目的、活动动员效果的持续时间等；同时活动的顺利开展是需要一定成本的。

还有一种社会动员活动是具有自发性的动员活动，自发性的动员是在社会经济及社会文化不断发展的基础上，随着人们的生活水平不断提高，

---

① http：//news.sina.com.cn/o/2015-05-20/005931851834.shtml
② http：//www.subaonet.com/2016/1020/1850208.shtml

空闲时间明显增多，社会大众在生活方式与思维方式上发生了重大变化而产生的。这一系列的变化是从一个相对低的发达状态转变为较高的发达状态的过程，人民大众在价值理念、审美理念、思想观念和社会生活方式上也都从相对落后或者相对封闭的状态转变为相对先进或相对开放的水平。这些转变并非是人为的设计与推动，而是社会、经济及文化发展的必然结果。自发的社会动员一般不引人注意，没有具体的发起者与组织者，没有具体的动员对象、动员手段及动员目的，不需要考虑持续多长时间之类的问题。所以，自发性的社会动员和人为性社会动员之间无论是在手段、深度、广度，还是在持续时间上都有很大的区别。

自发性的社会动员是在一种社会成员无意识的状态之下开展的，这是一种不易察觉的并且与大众的日常生活融为一体的比较缓慢的价值理念、审美理念、思想观点和社会生活方式的转变，所以自发性的社会动员的动员手段具有更强的丰富性与隐蔽性，自发性的社会动员效果更好，远远优于社会动员。自发性的社会动员并不需要他人的劝说，被动员的对象对于自发性的社会动员更容易接受，涉及的方面更广，并且可以有效地覆盖社会大众的日常生活，对于人为动员难以达到的深度与广度，自发性动员可以轻松达到。在持续时间的长度上，自发动员具有绝对的优势，它甚至可以贯穿整个进程。从街头遍布的广场舞社团、健身走社团，到公园中的健身操社团、太极拳社团，再到通往郊外的公路上的骑行队伍、徒步于山间小径上的登山爱好者团队，我们不难看出，这些融合在广大人民群众身边的群众体育组织更多的是在"自发"的心理驱使下聚集起来，共同享受运动带来的身体健康和心理愉悦功效的，绝大部分参与者都是非常自然地参与到自己心仪的体育社团中进行活动。毫不夸张地说，各种形态的自发性群众体育社团已经在很大程度上替代了政府体育管理部门提供的公共体育服务，成为我国居民闲暇时间的重要选择。

需要指出的是，无论是什么样的自发性群众体育组织，都浸润在经济发达、社会安定、生活丰裕、健康意识良好的社会环境中。换句话说，是我们的整体社会环境为群众体育社团的蓬勃发展创造了条件，正是因为社会经济飞速发展使生活条件大幅改善，才引发了人们对生活追求的更高层次认识，创造了更多的精神需求满足渠道，刺激着群众体育组织如雨后春笋般茁壮成长。

社会大众花钱买健康的观念反映出大众对体育服务的强烈需求。我国的体育社团组织积极主动地开展社会体育活动，为体育社团的生存与发展争取更大的活动空间，并且对大众的社会体育生活也将产生巨大的影响，体育社团不断地完善自身建设，通过优质的服务获取更多的社会资源，增强自身的综合实力，使社团得以持续发展，否则体育社团将丧失自身的行动能力。社会大众在参与体育活动的时候对运动的质量要求越来越高，对专业指导和服务更加渴望，这就为体育社团的发展输入了新鲜的血液。

二、群众体育组织在发展中面临的挑战

体育社团的成立与发展是建立在经济与社会发展的基础之上的。现阶段，我国还处于社会主义市场经济的起步阶段，政府的职能并没有发生根本性的改变，市场机制还不够健全，这就为群众体育组织的发展带来机遇的同时也带来了挑战。在新的形势下，一些新的群众体育组织形式不断涌现出来，比如群众体育俱乐部、街道社区体育，活动站、锻炼点及一些小团体组织等，但目前群众体育组织之间、政府与群众组织之间的相互关系还没有理顺。不同类型的中介组织采用合作运行的模式，所以顺畅的管理网络是非常必要的，体育社团管理的社会化特点必须要突出显现。

我国现阶段实施的《社会团体登记管理条例》要求每一个社团都必须有一个挂靠单位，政府通过这种方式就可以对已经合法登记的社团进行直接控制与监督，同时非营利体育组织可以利用自身的特殊身份获取体制内与体制外的资源，所以说，体育社团的性质是"半官半民"。体育社团在受到政府监管的同时还要受到这一行业运行机制的支配。体育社团要具有获取"体制内"与"体制外"资源的能力，尤其是获取"体制外"资源的能力关系到体育社团的长远发展。体育社团这种获取资源的"双重渠道"是与我国目前的管理体制相适应的，这种获取资源的方式可以有效地促进体育社团的发展。

在我国现阶段的管理体制下，政府在经济方面给予体育社团扶持，这就是"体制内"的资源，这也反映了政府对体育社团的态度。体育社团在满足"社会"需求的同时也要满足"政府"对社会体育活动的要求。"政府"对体育社团活动领域的认可使其获得行动的合法性，体育社团同时也要具有"社会"所需要的活动范畴，如果提供的产品与服务没有人接受，那就没有办法获得"体制外"的资源。所以，体育社团在未来的生存与发展方面形势还很严峻，一方面，体育社团要在政治上与政府的目标具有一

致性，以获得政府对其的认可与维护；另一方面，体育社团完善自身专业能力与在资金上支付能力的不断提高对其发展有深远的意义。体育社团在具有专业水准的同时还能实现财政的自主性，其发展必然长久，这也将对社会的发展产生巨大的促进作用。

我国的"双重管理体制"导致许多体育社团具有"半官半民"的特点，使其必须要通过两种渠道获取生存与发展的资源。那些"由上至下"建成的体育社团，其主管就是社团的自身成员，在举行社团活动时就可以或多或少地从业务主管单位那里得到经费支持，虽然经费有限，但却可以解燃眉之急。但是如果资金紧张的话，活动开展的效果也会受到很大的影响。而那些"自下而上"建成的社团，从成立之初就属于"体制外"的组织，无法享受政府的资助，只能自谋生路，想方设法获得"体制外"的资源。体育社团的形成模式不同，资金获得的方式就不同，这就形成了不同的资源获取格局，即"官方渠道"与"民间渠道"。

具有合法性的体育社团是要有挂靠单位的，社团在政府的直接监管之下不可能实现真正的独立与自治，所以它不属于纯粹的民间组织，然而，体协或社团又不属于政府机关，既没有行政执法权，又没有政府的专项财政拨款，所以它们也不属于纯粹的政府机构。大部分的社团在成立之初就是为了满足会员的自治需求，同时也想甩掉某些外在因素的制约，所以其具有追求自治的内在愿望。这就要求社团要具有获取资源的能力，而不能只是依赖"官方渠道"得到资源，否则就会与社团成立的初衷相违背，社会体育社会办的目标也不可能真正实现。目前我国现存的大部分有官方背景的社团都属于"由上而下"的成立模式，属于"官办"或者是"半官办"性质，它是政府权力的外延，成为安置从行政位置退下来人员的重要场所之一，所以在管理模式上及服务职能上具有很大的局限性，很难做到有效的创新，难以获得社会的认同。

综上所述，体育社团在发展中面临的挑战主要有三个方面，即自选领导、自主活动、自理经费。做好这三个方面的工作，将实现体育社团的持续发展。

第三节 群众体育组织在全民健身中的作用发挥

一、全民健身对群众体育组织的要求

（一）提供体育服务

社会体育组织和团体要为其成员和社会大众提供体育服务，这种体育服务要能满足一定的群众需求，这是社会体育组织和团体生存发展的最根本基础。社会体育组织和团体依照一定的宗旨、规章制度，提供免费或者付费的具有公共和非营利性质的群众体育服务，这是全民健身战略对社会体育组织和团体的基本要求。社会体育组织和团体要主动地参与并处理一些无法通过政府行为和市场运作解决的一系列全民健身活动中出现的问题。实践表明，社会体育组织和团体对特殊群体、弱势群体的具有特殊性的体育需求的满足能力很强。充分发挥社会体育组织和团体的优势，对促进公平的社会体育健康发展、解决社会性的体育问题、构建社会主义和谐社会、缓解行政部门在体育工作方面的压力、保障弱势群体享有公平的体育运动的权利有着重要的作用。

（二）为群众体育权利的表达提供沟通桥梁

以社会体育组织和团体及其成员的共同体育利益为基础，维护组织和团体的体育权利，从而达到维护组织和团体成员体育利益的根本目的。社会体育组织和团体在群众体育活动组织过程中，密切联系广大社会成员，切实了解不同社会阶层对体育需求的不同特点，分析整理成为一种集体需求，使人民群众体育权利的表达更加合理、有效，并且拓展了多种权利表达途径。另外，社会体育组织和团体还能对全民健身活动的顺利开展起到思想智库的作用，积极、广泛、深入地与相关行政部门协调沟通，广泛参与群众体育相关事业的重大决策，为不同社会阶层和群众体育活动主体发声。为群众体育事业的宏观决策献计献策，为微观体育政策提供大量的准确数据和实践经验的支持。社会体育组织和团体的不懈努力和协调沟通，进一步加大了人民群众参与体育活动的深度和广度，使得相关行政部门与人民群众的沟通更加协调和有效，利于全民健身宏观政策的贯彻落实，同时还能够促进社会主义和谐社会的健康、有序发展。

（三）引导并加强群众体育的各种行为规范

社会体育组织和团体可以发挥桥梁纽带的作用，促进国家体育工作方针、政策贯彻落实，全面贯彻执行《全民健身计划纲要》和《全民健身条例》，落实群众体育服务的相关政策。社会体育组织和团体可以通过对非营利性工作的具体实践，积极地引导并推动人民群众广泛地参与到多种多样的群众体育活动中，提高群众的体育健身意识。通过多种多样的群众体育活动，使社会体育组织和团体成为人民群众了解体育知识、掌握体育技能、形成健身意识的有力保障，助推社会主义精神文明建设，提供群众体育顺利开展所必要的组织支持。

目前我国各种社会体育组织和团体处于起步阶段，单纯地从数量和结构上来看，其与我国群众体育的总需求还有明显差距，并且这些组织团体在实际的工作中也受到一定制约，客观存在着许多急需解决的问题。加大调动社会力量资金组建社会体育组织和团体的积极性，通过广泛吸收社会资本和体育专业人才的方式，促进社会体育组织和团体的创建。将体育政府职能部门与社会体育组织和团体优化融合，共同推进全民健身活动的快速、健康发展，进而带动我国群众体育的发展。

案例：

小狮子在成长——特特儿童营

特特儿童营是一个比较特殊的群众性体育社团，这个社团的主要参与者是12岁以下的少年儿童。特特儿童营是邢台市一位普通机关干部在带领孩子进行励志徒步后发起成立的，自2012年至今，为少年儿童更有意义地度过节假日创造了良好的活动平台。

"特特"是组织者的儿子解平云创作的童话故事中的一只小狮子的名字，寓意年幼的少年儿童要像草原上的小狮子一样健康成长。特特儿童营的运作模式比较独特，在组织者的精心设计下，众多的热心家长扮演了志愿者的角色。这个组织属于比较典型的非营利自发性社团组织，活动内容通过QQ群来发布，不同的活动项目由不同的家长负责，从孩子的报名到活动的实施，都是靠纯粹的自发组织来完成的。

活动需要经费，这是不可避免的必要支出。特特儿童营采用的是AA制，每次活动组织者都会做出一个基本的评估，人均大致需要花费多少钱，并在QQ群中予以提前说明，组织方不会截留任何资金。这种方式获得了参加活动的孩子家长的一致认可。非营利性是特特儿童营的初衷，自成立以来,该组织一直在非营利、互助性的道路上坚持前行,以传播"特特"精神为宗旨,所有活动都由家长免费组织实施,所有参与组织的人员没有任何报酬。

邢台学院体育系 2011 级社会体育指导与管理专业的学生曾经有半年的时间参与特特儿童营的志愿服务活动,主要承担轮滑、定向运动、徒步等活动的培训和组织工作,与家长们也建立了良好的关系。学生在进行志愿服务的同时,也在老师的安排下做了一些关于群众体育社团组织中的人际关系等方面的调查,结果显示,许多家长在带着孩子参加特特儿童营活动后,自身志愿服务的思想也有了较大的提升,许多家长都踊跃地利用自己的业余时间来为组织做出贡献,人与人之间的信赖也有了更好体现,同时,在与孩子共同参与活动时也不由自主地开始审视自己的平时言行,用规范的社会行为为孩子做出表率。这些调查结果验证了群众体育社团活动对创新社会治理的巨大作用。

这种模式的群众体育社团在当前比较普遍,已经成为全民健身计划中的重要组织形式。特特儿童营也在这种非营利的志愿服务精神感召下,聚拢起越来越多的人参与其中。目前,邢台市发起的特特儿童营已经辐射周边,进入到邯郸、石家庄、唐山、北京等城市,正在成为少儿体育培养的重要力量。小狮子——特特儿童营的吉祥物——也象征着茁壮成长的孩子们,正在健康快乐的长大。

(案例来源:在 2014 年、2015 年多次实地考察及指导学生参与志愿服务过程中总结而成。)

二、社会体育组织和团体开展全民健身活动的优势

随着社会主义精神文明建设和经济建设的不断发展,体育活动不能仅仅依靠职能部门大包大揽地单独管理,这不仅不能促进群众体育事业的健康发展,而且在很多情况下还制约了群众体育的发展。为了扭转这种局面,政府行政部门必须进行职能转变,将具体的事务交由社会体育组织和团体直接管理,政府职能部门逐渐向间接管理转变。社会体育组织和团体依靠其特有的公益性和非政府性的特点,成为政府职能部门和基层社会群众之间的双向减震器,既能承担职能部门的职责,又能反过来为基层群众的诉求发声。

(一)有效性

社会体育组织和团体是根据不同特定需要,提供具有针对性的服务

的机构组织，提供的服务内容灵活且具体，单就这一方面来说职能部门单独管理难以实现。社会体育组织和团体提供的服务能够有效地吸引普通民众参与体育活动。可以根据普通民众对体育活动的不同需求，提供有针对性的具体的服务项目，极大的满足普通民众健身的需要。社会体育组织和团体所开展的有针对性的具体工作是对职能部门管理工作的一种有效的补充；大量的社会体育组织和团体代表社会不同阶层社会群体的诉求，从而可以为不同社会阶层的人民群众提供有针对性的体育活动项目，切实减轻相关职能部门的工作负担，有效推进相关职能部门关于体育政策的规划和实施。同时，也可以为团体的内部成员提供更加科学的服务，对群众体育的发展、民众健身意识的提高都有深远意义。

（二）专业性

体育活动在一定程度上引领着普通民众的生活方式，并且与普通民众的身心健康关系密切。当前，我国现行群众体育事业的运行机制还不具备满足全部体育社会服务功能的要求，社会体育组织和团体的积极创建正好可以作为补充来填补这方面的缺口。第一，社会体育组织和团体同时接受民政部宏观政策指引和当地的相关职能部门的具体指导和监督。这就促使社会体育组织和团体能够更加准确地贯彻中央关于群众体育事业发展的政策方针，部分组织和团体甚至能够直接参与相关体育政策的决策；第二，社会体育组织和团体更多的代表了大多数普通民众和社会资本的意愿，起步阶段需要相关职能部门及政策的支持。目前，社会体育组织的首要任务是尽快提升自身的服务质量和专业水平，满足广大人民群众的体育需要，获得更多人民群众的支持和认可。所以，不论是社会体育组织和团体自身发展的需要，还是政府职能的转变，都促使我国社会体育组织和团体在群众体育事业的发展中承担体育指导任务，并成为参与群众体育事业的重要主体。

三、社会体育组织和团体在生活中发挥的作用

（一）创造群众的归属感

社会的进步不断影响着人们的生活方式，追求归属感成为越来越多的人的需要，通过让自己归属于一定的组织团体从而增加自身的安全感。社会体育组织和团体的创建为大量的关心体育事业发展、喜爱体育运动的人

们提供了平台,满足人们各种各样的需要。例如,通过吸纳退休人员参与社会体育组织和团体,既满足了其自身的健身需求,又能够有效预防退休人员心理问题的产生等,使退休人员重新获得被认同、被需要的归属感。

(二)丰富群众的业余生活

随着社会的发展进步和群众生活水平的提高,更多城市居民的自由时间也随之增加。随着人们参与体育活动时间的不断增多,人们对体育活动的需求也逐渐增多。这样就逐渐体现了社会体育组织和团体的重要性。从理论上讲,任何人都能够找到自己感兴趣的体育组织团体,这些组织和团体利用丰富多样的体育活动,满足人民群众不同的体育运动需要,吸引群众参与体育活动,也就自然丰富了民众的业余生活。社区作为城市居民生活环境的基本单元,社区级别的各种体育组织和团体对群众体育事业的开展有着重要的基础作用。

(三)更加合理地配置群众体育资源

群众体育资源是指能直接或间接推动群众体育发展而促进全民族健康素质的明显提高和形成比较完善的全民健身体系目标的一切资源要素的集合。社会体育组织和团体具有公益性或互益性的特点,并且不以营利为目的,是民间自建自治的社会团体。它能够根据组织成员的不同需求进行灵活的调整,能够实现最优化的体育资源的配置。同时,社会体育组织和团体也会对其成员进行引导,根据成员的不同需要提供不同的体育资源。目前,政府部门也在根据群众体育发展的需要,积极促进社会体育指导员队伍的建设,为全民健身活动提供基础的体育服务保障。社会体育组织和团体从财力、信息、物力、人力等多个方面积极推动着群众体育事业的健康发展。

(四)推动体育文化交流

体育文化交流是通过个体与个体之间、群体与个体之间、群体与群体之间的双向传递实现的;其载体是各种各样的体育活动,各类社会体育组织和团体通过体育活动开展交流,实现了体育文化的传播。同时,社会体育组织和团体与内部成员之间,包括内部成员与内部成员之间也在进行体育文化交流,这极大地促进了我国体育文化的延续和发展。

武术是我国民族传统体育的重要内容之一,政府曾经试图以申请武术成为奥运项目的方式,向全世界传播中华武术,但由于各种原因而没有成功。但是,这并没有让中华武术衰落、消失,反而在众多的社会体育组织和团体的文化交流的推动下使得中华武术走向世界,让全世界更多的人领略到中华武术的魅力。

案例:

邢台宏途单车俱乐部

河北省邢台市有着良好的自行车运动群众基础,曾经培养出段志强、石晶晶等多名自行车运动高手,在国内国际赛场上赢得荣誉。在邢台市内,有一家非常著名的以自行车爱好者为主体的群众性体育组织——宏途单车俱乐部。这是一个单车爱好者自发组织起来的一个民间组织,最早成立于2008年年底,刚开始的时候,骑行爱好者只有十几个人,在自行车运动逐渐成为人们近途户外运动的首选之后,骑行队伍也不断壮大。经过几年的发展,目前宏途单车俱乐部的会员达到了5 000人,成为邢台市群众体育中的一个重要的非营利体育组织。

宏途单车俱乐部有着较为严密的组织结构,有着清晰的管理章程,以自行车运动为载体,凝聚了一大批本市居民。俱乐部成员中各行各业、各年龄段的人都有,上至八十老翁,下至十岁顽童,他们把宏途俱乐部当作一个精神家园,在闲暇时间里聚拢在一起,通过骑行自行车来抒发对生活的热爱、对生命的赞美。

宏途单车俱乐部有固定的地点,有固定的活动时间,有网上联络的平台,还有一支热心公益的志愿者团队。这支志愿者团队在每次活动中都积极主动地承担起各种服务工作。其中,"大师兄"(网名)经常负责活动的组织工作,"飞雨""青山绿水""觉悟,奉献"则在活动中担任领骑护卫,做好开路先锋和安全保障工作,"泡沫奶茶"和"海之风"负责收尾工作,以免骑行团队成员掉队出现危险。每次活动还专门配备摄影高手,把活动用影像记录下来,并发布在微信公众平台上,以飨成员。

为了确保活动安全,宏途俱乐部的每次活动都有着严格的纪律要求,会特别提出安全注意事项。

如在安全注意事项中明确规定:

(1)骑行活动全程设领队和收尾人员,骑行过程中请大家遵守团队纪律,服从安排,禁止超越领队骑行;

(2)骑行中请大家务必配备好头盔及手套等防护装备;

(3)在下坡路段专心骑行,保持车距,严格控制车速,绝对禁止聊天、超车；

  （4）提前、中途短暂离队请告知队长或保障人员；

  （5）保护环境，绿色、低碳出行，禁止在沿途乱丢垃圾；

  （6）就餐时禁止饮酒；

  （7）严格遵守交通规则，靠道路右侧骑行，禁止闯红灯；

  为了突出组织的非营利性以及维护良好的组织发展环境，宏途俱乐部还推出了"免责声明"，其中约定：①活动中发生意外事故，组织者有义务组织救援或改变行程，但不承担任何法律和经济责任，特此声明。②本活动为非营利性质的、非比赛性质的赛前集训活动，有一定的危险性，参加者须对自己的安全负责。③骑行活动开始后，本声明将自动生效并表明你接受本声明，否则，请在骑行活动开始时退出本次活动。④特别说明，本免责声明具有法律效力！

  这种规章制度对宏途单车俱乐部的健康发展起到了重要的助力作用，也督促了组织成员的规则意识的形成。

  在自我娱乐、追求健康生活方式的同时，宏途单车俱乐部还多次组织志愿者活动，如走上街头、公园、景区捡拾垃圾；走进社区免费维修家电、自行车、电动车；倡导遵守交规，文明出行，连续三年在国庆节前夕组织百名车友、百面国旗迎国庆活动；配合交警，走上街头协管执勤，劝阻不文明行为；骑行青海湖，宣传文明骑行、低碳之旅；走进南和贫困小学赠书助校等。这些志愿服务活动不但展示了宏途单车俱乐部的形象，同时，还提升了每一位参与者的个人思想境界，也影响着周围的人群，更积极提倡公益性发展，共同为打造省级自行车健身示范市而努力。以人为本、以车会友，以运动、健康、时尚、休闲为主导思想，以我骑行、我健康、我快乐为口号的宏途单车俱乐部希望把这种文明新生活推广到邢台周边、河北省乃至全国。

第三章
政府职能转变中群众体育文化创新理论

第一节 政府职能转变中群众体育文化创新理论

体育是人类社会发展中的重要文化现象，人们通过参加体育活动获得愉悦身心、激发斗志、规则意识、团队精神等多种有助于个体和团队生存与发展的重要途径。作为一种文化形态，体育自人类文明发源伊始，就在不断地进行着创新，从创新中丰富文化内涵，拓展文化外延，直到今天，体育已经成为人类社会中非常重要且不可或缺的生活方式。群众体育也正是在这种持续创新中百花齐放，百家争鸣，获得源源不断的发展动力。

一、群众体育文化创新的概念

政府职能转变的方向是改变以往政府包办的传统社会治理模式，变革为充分发挥民众参与社会治理的愿望和积极性，即政府将一部分社会功能交还给民众或民间组织，使之充满活力。在全民健身不断深入推进过程中，群众体育局面已经获得了巨大改变，各种社会体育活动的开展如火如荼，居民的健身意识得到极大提升。在群众体育活动的开展中，不断涌现出新的文化现象，各种新的体育组织形式和活动内容被智慧的人民群众推陈出新，开创了崭新的新局面。

群众性体育文化创新有着独特的内涵赋予：

首先，现阶段我国的创新是在政府职能转变这一大的社会背景下进行的，有着充分的社会活性因素，在政策的支持和扶持下，各种蕴含高科技元素的体育新产品纷纷推出，为群众体育开展提供物质支持；各种形态的体育组织纷纷成立，充分满足了在政府公共体育服务不能完全覆盖的社会体育领域中居民的体育健身需求；在新的时代，我国群众体育被赋予了具有时代特色的体育精神，那就是体育梦和中国梦的有机结合、拼搏精神和民族精神的全新阐释。

其次，在不同的地区有着不同的表现形式，如城市社区中的群众体育活动内容往往呈现普遍性，而在广袤的农村或民族聚集区，体育文化的创新则往往依托原有的传统体育文化进行新形式的传承、丰富、发展。如河北农村有非常丰富的秧歌表演资源，在过去，这往往是节庆期间的娱乐活动，在群众体育得到快速发展后，各种秧歌表演形态纷纷成为农村居民组团健身的重要素材。

第三，群众体育社团活动中的体育文化创新更体现为各种新形式的体育活动展现。如城市公园中越来越多的人开始把竞技性的体育比赛内容移植、改造、加入娱乐元素，变成不拘泥于原有竞赛规则的群众性体育比赛活动，例如隔网键球就容纳了毽子、排球等不同项目的比赛内容。

综上所述，在研究群众体育活动开展中的问题时，需要考虑特定的历史背景和环境，因此，我们认为，群众体育文化创新是指：在我国政府职能转变、建设体育强国的时代背景下，在群众体育大发展的特定时期，我国民众在继承原有的民族传统体育文化、吸收采纳外来体育文化和借鉴其他文化的基础上，结合实践需要和群众的客观需求，以多种形式进行创造或者更新，从而产生新型的群众体育活动。

二、社会转型期我国群众体育文化创新的驱动力

群众体育文化是社会主义精神文明建设的构成要素之一，它不仅体现着我国居民积极、奋进、拼搏、努力的时代特征，更重要的是为广大人民群众带来前进的精神力量。体育的感召作用和精神内化已经成为当前我国社会主义精神文明建设的重要内容，特别是当前我国正在全面推进的各领域深化改革进程中，用群众体育文化积极、先进的内涵来满足居民休闲生活中的精神需求，对和谐社会建设、健康中国建设产生了重要的影响。

（一）居民体育健身的社会需求不断增加

现代化进程的不断加快带来的不仅仅是社会居民生活水平和生活环境的改观，同时，也伴随着更多不利因素的产生。因为现代化的工作状态导致许多上班族随时都在面对紧张的工作节奏、各种激烈的竞争、日益增强

的工作压力等，结果导致"现代文明病"的高发，其中亚健康状态成为当今严重威胁人类生存发展的社会问题。冠心病、高血压、脑血管疾病、肥胖症等一系列机体问题在许多刚刚跨入中年的人身上出现并呈现日益严重的趋势，同时，这些对身体健康影响严重的问题还在向年龄更低的青年人群蔓延。这些问题的出现不仅仅关系着个人的身体健康，更为严重的是，这些问题的存在还对社会工作的效率产生不利影响，加大了社会运行成本。

可喜的是，人们正在逐渐认识到这些不利因素给自己带来的危害，正在改变传统的健康价值观。越来越多的人开始涌上街头健走，走进公园健身，进入原生态的山间森林健心，居民的健身需求日益强烈。这为居民休闲体育文化的大变革奠定了认识基础，正是因为这些需求的产生与发展，群众体育文化才有了不断创新的动力，也使新形式的群众体育活动内容、设备、组织形式不断涌现出来。可以说，在社会转型期，各种社会环境的变革引发了居民的体育文化需求。

（二）居民的参与热情不断高涨

群众体育文化的大发展离不开广大人民群众的积极参与，我国的市场经济制度日益稳固，经济社会发展令世界瞩目，群众闲暇时间越来越多，而在闲暇时间中选择体育活动作为休闲方式已经成为人们的共识。在城乡居民积极参与体育活动的过程中，高涨的参与热情是群众体育文化蓬勃发展的原始动力。正是这种热情参与，才激发了广大人民群众不断探索更方便、更科学、更适合自己的体育健身的内容以及有形的各种新鲜健身器材设备的热情，最为核心的则是，这种积极参与的热潮带来的是大众对体育健康的价值观的改变以及体育精神在实现伟大中国梦过程中的重要意义。因此，在这种全民健身的热潮中，广大居民的积极参与促进了群众体育文化的大发展，直接影响着社会主义精神文明建设的品质提升和内涵丰富。

（三）政府职能转变激发了群众体育文化创新的内在动力

随着我国全民健身战略的不断深入，政府公共体育服务不断加强，群众自发性体育活动全面推进，群众性体育文化创新也迎来了一个全新的时代。政府职能转变意味着国家对大众体育的态度正在由"管理者"向"服务者"转变，这也意味着群众体育活动将更多的由大众自己来进行设计、组织、实施。换个角度来看待这个问题，我们不难发现，在群众体育活动中，居民自身的主动性正在不断加强。事实上，正是因为政府职能的转变，才给群众体育活动带来更为广阔的发展空间，为群众体育文化创新提供了内在动力。

（四）扶持政策的密集出台为群众体育文化创新铺路搭桥

我国的全民健身工作正在全力推进，体育产业政策有了大幅改观。例如，当前政府大力提倡的"体育小镇"建设可以说是政府职能转变中在群众体育领域的一个创举。在这一政策推动下，许多地方结合自身的地理位置、气候条件和民俗活动等优势，充分发掘特色，开创新形式的群众体育聚集区。如2022年冬奥会举办地崇礼建设滑雪小镇，广西借助独特的地理地貌建设户外运动小镇，江苏宿迁市为利用三台山、骆马湖等资源禀赋，建设了水上与户外运动中心、三台山森林公园内马拉松赛道、登山步道、房车营地等时尚运动设施和特色运动基地。这些不同于一般意义上的旅游景区的体育元素的植入，使来到体育小镇中休闲、养生、健身的四方游客更深刻地感受到了体育元素融入后的一缕清风。这种创新不仅仅是从物质基础上对传统的新农村建设或旅游景区进行升级开发，更多的是通过环境的熏陶，影响民众的体育价值观，通过物质基础的完善，为各种体育赛事或锻炼活动的内容创新提供基础条件。

此外，在2014年的"46号文件"、2016年的"77号文件"以及《"健康中国2030"规划纲要》等多个国家政策方针的刺激下，群众体育中的精神文化已经有了全方位的改变，因此，毫不讳言，是在党和国家多方政策的扶持下，群众体育文化创新才具备了更大的活力。

三、群众性体育文化的观念创新

在社会转型期，人民大众的体育需求发生了巨大的变化，计划经济时代遗留下来的"认为体育是政府的事情"的认识逐渐消失。人们已经认识到，体育关乎个人的身心健康和生活幸福，这种观念的转变直接引发了人们对参与体育活动的新的认识，形成新的体育健康价值观。在群众体育活动的开展中，观念创新对整个群众性体育文化的全面创新起到了重要的促进作用。

（一）群众体育活动的多样化为群众体育物质文化创新提供土壤

中华人民共和国成立以后，国家非常重视群众体育的开展工作，前面已经提及不同的阶段党中央关于群众体育活动的支持政策。在特殊的历史时期，我国民众"全民皆兵"，在"劳卫制"的影响下积极开展体育活动。只是，由于体育资源的匮乏，许多地方民众依然在围绕竞技项目展开锻炼。曾几何时，每个村子、每个厂矿几乎都有自己的篮球队，在工厂车间门前、农村打谷场上、公园开阔地带，很多人进行田径运动或者体操运动。使用的器械装备也是竞技体育中的各种器材，群众体育物质文化表现非常单一。

随着经济社会发展，我国民众体育活动的物质资源也日益丰富。人民群众的聪明才智不仅体现在建设国家上，而且体现在不断丰富自身的生活上。越来越多的新奇特的体育健身器材被发明，丰富了人们的健身选择。

其实，在我们身边的群众性体育活动中，有相当多的创新。一些器材、规则、运动形式都在不断地推陈出新，丰富着居民们的健身休闲选择方式。如打陀螺是我国的传统体育形式，原有的陀螺是木制的，后来为了减小摩擦力，人们在陀螺的尖头部分放置上一颗轴承钢珠，再后来，人们为了增大转动惯量，延长陀螺的转动时间和增加转动的稳定性，制造出了金属陀螺，一些陀螺爱好者还为自己的陀螺增加了哨子，使之在转动的时候发出悦耳的声音，增加了趣味性。此外，还有风筝的创新、弹弓的创新等。诸如此类，无不透露出群众在体育实践中的聪明智慧，从创新中获取更大的娱乐性。

（二）群众体育的组织多样化丰富了群众性体育组织文化

在政府办体育的功能逐渐淡化的同时，居民的体育健身需求开始慢慢地由活动主体——群众自身来接替体育的社会功能。各种各样的群众性体育组织不断涌现，不同形式的体育健身方式也如雨后春笋般成长起来。在群众体育活动开展中，各种人才汇聚在一起，群众性体育社团组织为这种联合创作提供了平台。

今天盛行的广场舞其实是由多种样态的体育活动方式融合而来的。最初的表现形式应该是我国民间流行的秧歌舞，在锣鼓的伴奏下，装扮成不同角色的人物随着锣鼓点载歌载舞。这种形态的民间传统体育形式曾经是农村中老年人的专属，在中青年群体和城市活动群体中比较少见。而健身操、健身舞等形式的运动在农村中却乏人问津。随着网络技术的发展和普及，城乡间的差异缩小不仅体现在生活环境和生活条件方面，还表现在人们对新鲜事物的认识和认同方面。广场舞伴着"小苹果"等欢快的乐曲迅速占领了大江南北，成为城市和乡村中风靡一时的重要健身方式。优美的现代旋律伴随着经过精心设计的舞步和肢体动作，广场舞已经成为现在受众群体最庞大的运动形式之一。这种广场舞的运动形态就是在多个领域共同协作下，联合创作而来的。

在群众体育开展过程中，传统的工作应该由政府来完成。但是，随着我国的社会转型，"小政府、大社会"的改革方向正在不断调整政府的职能，通过政策引导来促进社会力量的全面迸发，让社会力量参与社会管理和社会服务。这是一种典型的由单一思维向多维思维转向的创新。例如，目前有许多地方正在尝试用政府购买社会服务的形式开展群众体育活动。通过制定相应的政策和方案，扶持具有一定规模、组织能力的群众体育社团来承办各种非营利群众体育赛事活动。上海、苏州等发达城市已经开始尝试用政府购买的方式来发展群众体育，把群众性的体育活动通过竞标的方式交给有实力的非营利体育组织来运作。这样一来，体育行政部门只负责审核与评估、提供必要的行政支持，群众体育社团本着非营利的目标获得了队伍的锻炼、影响的扩大以及参与者自我价值的实现等效果，不仅有利于政府投入效率的提升，更重要的是动员了具有奉献精神和组织能力的群众体育骨干力量的参与热情，进而进一步改善了参与群体的精神面貌，使社区和城市充满运动激情与活力，推动了精神文明建设。

（三）观念创新下群众体育精神文化得到全面发展

与过去传统的"国家办体育"认识不同，在政府职能转变中，伴随着全民健身的深入推进，广大人民群众在对待体育事业的观念上也发生了根本性的变化。城乡居民不再"坐等"国家对于群众体育事业的全盘安排，而是创新更为符合时代特征的体育观念，积极开展各种形式的体育运动，丰富了社会主义精神文明建设的内涵和外延，成为和谐社会建设中不可或缺的文化因素。

在2015年央视开展的CCTV体坛风云人物评选中，先后有12个人或团体进入候选名单。其中，甘肃庆阳做健身的陈峥嵘大叔引起了大家的关注。陈峥嵘在经济欠发达的甘肃庆阳通过免费培训、组织比赛等形式的体育活动吸引了一大批热爱体育的人，同时创办了多种运动项目协同经营的体育产业公司，在 2015 年进入上海证券托管交易中心，成为甘肃庆阳第一家上市体育企业。

万科集团前高级副总裁毛大庆是商业领域中的重量级人物，但因为工作压力大，在 2012 年饱受抑郁症的折磨，在同事们的影响下，他选择了体育健身的方式来治疗抑郁症。在经过几次较大强度的户外运动后，毛大庆的抑郁症有了很大缓解。于是，他积极酝酿组织了一个公益跑步组织——毛线团公益跑团。成立之初，这个公益组织主要面向工作压力非常显著的职业经理人群体，但随着影响力的不断扩大，目前这个社会公益组织已经成为跑步爱好者的共同家园。在保证公益体育社团的正常运行之余，这个公益跑团还积极筹集资金帮助困难地区的学校，不仅为社会做出了实质性贡献，同时，公益跑团成员自己的心灵也得到洗涤。这些鲜活的例子无不凸显着群众体育活动中体育观念的创新为群众体育精神文化发展提供源源不断的助推力量。

四、社会转型期我国群众体育文化内容创新

在社会转型期，我国群众体育参与热情进一步高涨，原有的活动内容远远不能满足实际的健身需求，许多热心于体育健康事业并乐于传播体育文化的人士纷纷行动起来，自发地组织创新团队，带领所在社区或健身社团开创更为新颖和适应自身特点的健身方式。例如，上海社区中流行的老年人健身项目——手杖健身操，就受到了很多研究者的关注。

前面案例中提到的宏途自行车俱乐部是邢台市一个群众性体育社团组织，成员是各行业、各年龄段的骑行爱好者。最初是由几个热衷自行车运动的人士与当地一家销售自行车的公司联合组建的，公司老总同样是一个喜欢自行车运动的爱好者，一群人聚拢在一起，每天约定时间在市内骑行。随着人员的不断加入，骑行队伍也日益扩大。为了安全，该公司老总专门派了一辆保障车随队骑行，一方面提供安全保障，另一方面在骑友车辆出现故障时能够及时提供维修服务。人员的增多引起俱乐部几位组织者的思考：如何开展更有意义的骑行活动。于是，群策群力下，这个骑行社团组织开始拓展自身的社会功能，利用周末到市外骑行，并开展爱心助学、扶助孤老、公益宣传等活动。同时，为了更好地服务会员，俱乐部专门邀请自行车队教练进行讲座，邀请运动专家讲授运动中的损伤与解决办法，这些新的内容得到了全体会员的一致赞扬，宏途单车俱乐部也获得了更好的

发展基础。在2017年邢台市"绿色太行"国际公路自行车大赛前，宏途单车俱乐部专门做了大赛的预热活动，举办了"单车宝贝"选拔活动，引起了本市居民的高度关注。这些内容的创新是群众体育文化在民间的全面渗透。

第二节　现阶段影响群众体育文化创新的因素

改革开放以来，我国的社会、经济、文化各个领域百花齐放、满园春色，近40年的改革成就令世界瞩目。在群众文化建设中，体育文化不断推陈出新，成为我国社会主义精神文明建设中的重要组成部分。特别是1990年北京亚运会和2008年北京奥运会的成功举办，成为我国体育事业发展和建设的两个重要时间节点。党和国家在多次重大会议中都把文化创新作为精神文明建设的重要内容写进决议，并推出多种政策方针，促进群众体育文化建设的大发展。

一、经济发展水平是我国群众体育文化创新的首要动力源泉

大力发展群众体育事业、提高全民健康水平是我国的基本国策之一，政府的财政支持对于公共体育服务来说有着不可替代的基础作用。群众体育活动场馆建设、设备采购，用于群众体育骨干培训的专项拨款，支持群众体育文化建设的各种群体性体育赛事投入等，均需要政府的财政支持。改革开放带来的最大变化就是我国的经济总量已经跃居世界第二，国家的经济发展直接带来社会福利的增加，其中就包括群众体育事业的推进。

从国家经济的整体发展来看，我国在1988年的改革开放10年之际，国民生产总值为15 180.4万亿人民币，1998年达到了85 195.5万亿，2008年GDP为319 515.5万亿，2016年国民生产总值突破了74万亿，经济富足直接影响到国家对于群众体育事业的支持力度。在政府职能转型中，政府拿出专项资金支持群众体育活动的开展，多地开始尝试用政府购买的形式鼓励群众体育社团建设和大众体育活动的开展。我国群众体育事业呈现百花争艳的大好局面。

2014年10月，国务院出台了《国务院关于加快发展体育产业促进体育消费的若干意见》（简称"46号文件"），明确提出要"把增强人民体质、

提高健康水平作为根本目标……充分发挥市场在资源配置中的决定性作用和更好发挥政府作用……促进群众体育与竞技体育全面发展,加快体育强国建设,不断满足人民群众日益增长的体育需求。"我国体育市场开启了一个大变革的时代。

二、稳定的政治环境是我国群众体育文化创新发展的基本保障

政治与体育文化有历史渊源。体育文化不仅仅是社会文化的一个构成部分,更多的时候会扮演一个国家制度优越与否的代言者。毫无疑问,一个稳定的政治环境不仅可以给国民带来安居乐业的祥和局面,更重要的是可以促进整体社会文化的大发展。

我国自改革开放以来,一直秉承稳定发展的基本路线,国内政治改革逐步深入,政府对大众体育的投入不断增加;外交上积极参与国际事务,经济规模迅速壮大,国际话语权不断加强。从政治的稳定性上保障了群众体育的蓬勃发展,与此同时,我国的竞技体育在国际赛场上的突飞猛进带动了国内大众体育的全面发展,这种精神力量不可小觑。特别是体育明星的社会示范作用,对我国青少年的成长有积极影响。

在我国的法律范畴内,群众体育事业的发展有宪法和体育法的基本保障。其中,《中华人民共和国宪法》的第二十一条明确规定:"国家发展体育事业,开展群众性的体育活动,增强人民体质。"这些法律规定自推出以来,一直保障着群众体育活动的全面开展。

1995年国务院颁布的《全民健身计划纲要》可以看作是我国群众体育大发展的一个重要的历史节点。《全民健身计划纲要》的颁布为我国群众体育事业的发展指明了方向,成为关乎12亿(1995年我国人口总量为12亿)中国人民健康福祉的重要规划。

2004年9月,党的十六届四中全会鲜明地提出和阐述了"构建社会主义和谐社会"这个科学命题,并把它作为加强党的执政能力建设的五项任务之一。2005年2月19日,中央举办和谐社会高级干部专题研讨班,时任中共中央总书记的胡锦涛同志发表了重要讲话。2005年,中央政治局组织多次集中学习,重点研究和谐社会的问题。在建设和谐社会的进程中,要按照"统筹区域发展,统筹城乡发展,统筹经济社会发展,统筹人与自然和谐发展,统筹国内发展和对外开放"的原则和要求,推进改革和

发展。在群众体育领域构建和谐社会，需要统筹发展城乡和区域间的群众性体育文化事业，要求全民健身事业和谐发展，从而实现和谐社会的构建。

2014年10月，国务院印发了《关于加快发展体育产业促进体育消费的若干意见》，正式把体育上升为国家战略，北京晨报刊文指出，"金牌体育"只能顾及眼前的面子，难以惠及长远，唯有"全民体育"，才能构建起体育扎实的根基。从"金牌体育"转向"全民体育"，无疑是体育的价值回归。这意味着我国的群众体育发展、建设在此迎来一个腾飞的时刻。2016年10月，中共中央、国务院印发了《"健康中国2030"规划纲要》，进一步强调了体育在增强人民体质、建设健康中国进程中的重要作用和意义。

由此可见，我国的政治形势不断向好无疑是群众体育文化全面发展的重要保障。

三、我国的传统文化和现代社会主义文化共同作用为群众体育文化全面发展提供了肥沃的土壤

在四大文明古国中，唯有中华民族的文化从未中断，尽管数千年来战乱不断，但都是由华夏民族的主流文化不断兼容并蓄其他外来文化，因此，在数千年的历史积淀下，我国的传统文化更加博大精深。在这个完整的中华文化体系中，各种不同的文化形态和文化种类均体现着中华文化的多种特质。在传统体育文化方面，我国的许多武术流派的形式都有中华文化的影响，如古代的比武要"点到为止""以武会友"，代表古代传统体育文化的太极拳要"天人合一、内外合一、形神合一"，这些传统体育文化的内在要求与我国传统"和"文化的展现有着同样的要求。在现代社会中，我国的文化大发展已经达到了一个新的高度。习近平同志在多个重大场合强调要"提高国家文化软实力"，并上升为我党和国家重大的战略任务，其中通过体育文化的交流，向世界输出中国文化的精华，是我国提升国际话语权的一个重要途径。在北京奥运会的开幕式上，关于中国文化的艺术展现折服了世界各国，其中的"和"文化展示环节、太极拳表演环节等充分展示了我国传统体育文化在现代社会中的重要价值和意义。

正是由于这种优良环境的支撑，我国群众体育文化才得到了发展良机，无论是"全民健身计划"，还是北京奥运会后群众体育价值观的再提升，都可以从群众体育文化不断创新、不断发展中呈现出来。政府是公共体育

服务的提供主体，但因经济发展水平和管理水平等因素制约，无法覆盖和满足全部的居民体育需求，而群众体育组织的大面积、全领域的自发性组建弥补了相当比例的公共体育服务的不足，这是我国现代体育文化创新的重要表现。在文化创新的思维下，越来越多的适合老百姓开展健身锻炼活动的运动形式层出不穷，极大地丰富了居民的体育文化内涵。如风靡全国、走向世界的广场舞，就是我国群众体育文化创新的一个活生生的例子。

四、现代科技的广泛运用是群众体育文化全面发展的重要助力

突飞猛进的科技发展已经改变了人们的生活。从过去对"日行千里"的美好期盼，到今天完全在自有知识产权下的"中国制造"，是先进的科学技术实力给了国人更大的民族自信，让国家在国际上的话语权日益提升，中华民族的伟大复兴也正在一步步地坚实前行。

在群众体育活动中，各种科技元素渗透到每一个角落，从健身器材的新材料应用，到人体科学全面影响体育运动技能对身体功能的促进，再到移动互联技术在现代居民体育交流和协作方面的全覆盖，科技元素几乎无处不在，群众体育文化也在现代科技的促进下不断丰富和发展。

在新兴的户外运动领域，新科技、新材料的使用非常重要。户外运动的服装鞋帽与平时生活中的休闲或运动服装大不相同，既要考虑通风透气以及排汗，又要注重防风防晒来保护身体，这就对服装面料提出了更高要求。在这一需求下，能够很好地起到防水、防风效果的冲锋衣应运而生，与之经常搭配在一起的抓绒衣成为人们在户外寒冷区域活动时的标配，同时鲜艳的颜色让户外运动者在野外活动遇到危险时更容易被发现。

在健身活动中，越来越多的人涌入健身俱乐部，接受更为专业的健身指导，其中多种类的健身课程使顾客获得不一般的身心体验。而这些课程则是人体运动科学发展的结果。一些小器械课程深受女性朋友的喜爱，同样也是身体训练科技的全面发展的直接结果。

群众体育活动中许多人喜欢群体生活，这样的环境不仅能够给参加者带来丰富的情感体验，还可以让其忘记紧张的工作节奏，增加人际交流的机会，获得群体认同的快感，提升自我实现的信心。但是在过去，这种群众体育组织是无法像今天这样遍地开花、蓬勃兴旺的，在现代通信技术和移动互联技术的鼎力支持下，网络论坛、QQ群、微信群、微信公众平台、

微博等多种形式的现代科技的应用为群众体育社团组织的形成与发展提供了基础的技术支撑。

从上述不难看出，这些与民众生活息息相关的变化都是群众体育活动中的新科技对群众体育文化的巨大促进，这种影响将继续发挥重要作用。

五、我国居民受教育程度的提升是群众体育文化大发展的知识保障

教育对人类文明进步的意义不言而喻。在体育文化的传承与发展中，教育的作用同样不可忽视。从我国古代的"六艺"中的"射""御"，古代西方体育中的"角斗士""体操"等，到近现代体育运动中的各种礼仪的传播与推广，都离不开教育这一途径。古代的体育文化在现代文化的环境中进一步得到改造和发扬，从而形成今天我们喜闻乐见的各种体育健身形式。

在民众不能普遍接受教育的时代，人们只能被动地接受外来的教育影响，如乡村中的"礼治"，目不识丁的旧社会农民从未从根源上探讨为何要遵循这种"礼治"的社会范式，只是所处的社会环境使之不可轻易违反，否则会遭遇惩罚。这些不能获得教育的人们无法去完成一些创新。纵观历史，无论是发明创造，还是社会变革，都离不开有教育背景的骨干力量的作用。因此，在社会发展中，是教育改变了人们的认识，改造了世界。

在中华人民共和国成立后，我国居民的受教育状况得到很大改善，从建国初期的几次"扫盲"运动，到义务教育的全面实施，中国人民的受教育程度全面提升。知识和文化的迅速普及提升了国民素质，直接体现在经济社会的飞速发展和社会文明的全面进步方面。

在群众体育文化领域中，因为受教育程度的持续提升，群众性体育活动、群众体育社团建设越来越丰富和多样化，在文化知识的支撑下，各种形式的创新层出不穷，各种群众性体育组织的建设日益成熟，群众体育文化呈现出百花齐放、全面发展的良好局面。许多研究成果发现，教育水平是居民参与群众性体育活动的重要影响因素，也是有组织健身活动参与程度的一个重要参考指标。

案例：

　　　　　经济发展反哺村镇体育文化建设——黄儿营现象

　　黄儿营村是河北省宁晋县的一个自然村，地处冀中平原，常住人口约2万多人。宁晋县县域经济发展飞速，以电缆、童装等产业为主。黄儿营村是宁晋县经济最为出色的村子，目前该村拥有100多家电缆企业。2015年，黄儿营村的经济产值突破了70亿元。

　　黄儿营村居民一直重视村落精神文化的建设，在富起来之后，也保持着良好的习俗与村风。该村长期以来活跃着许多篮球运动爱好者，有数十支相对固定的篮球队伍活跃在晚间或周末。此外，这里还有妇女们最喜欢的广场舞，晚饭后，十几个地点开始伴随节奏鲜明的歌曲舞动。这些健身运动爱好者既有本村的居民，也有在该村私营企业中打工的外来人口，体育锻炼活动使得本村人与外来人口的融合呈现出无缝状态。在2016年黄儿营村"宏盛杯"广场舞大赛现场，一位郭姓的广场舞队员表示自己是附近的新河县人，因为在黄儿营村电缆厂工作，所以常住黄儿营村，因为热心广场舞活动，自己已经成为所在的广场舞队伍中的核心人物，"本村的大姐大嫂也要听从我的安排布置，感觉跟本村人没有一点差别。"在访谈中她表示"是广场舞让我和本村人形成了亲密的关系，既健了身，又搞好了村民关系，广场舞真不赖。"

　　与广场舞大赛同时开始的是"津联杯"篮球比赛。今年是第4个年头，参加篮球赛的队伍共有22支。所有的队伍都是自发组织起来的，队员经常利用周末或每天的工作之余聚集在一起进行活动。参加者的身份也很复杂，有在本地企业中工作的工人，有附近商业领域中的销售人员，有乡镇政府的工作人员，也有本村或周边喜欢篮球运动的农民。从年龄上看，既有20多岁的青年，又有四五十岁的中年人，覆盖范围很广。

　　在前几届的篮球比赛中，黄儿营村的篮球俱乐部提出可以请外援来为当地居民奉献出高水平的精彩比赛，有的企业不惜重金请来专业队的选手。这样的篮球比赛水平的确很高，但居民并不买账。今年没有这种方式，基本上都是自己人，篮球水平虽然不是很高，但很接地气。在场边观看比赛的一位老人对笔者讲道："还是自己人打球看着好，加油也有目的性。"其中有一支队伍——朝东烟花公司队，场上队员年龄最小的43岁，最大的55岁，看似两鬓斑白，场上却灵若狸猫，真是不能小觑。

比赛的组织机构主要由黄儿营村的篮球俱乐部组成，津联电缆公司的冠名费有10万元，作为比赛奖励和比赛期间的费用支出。其他企业也纷纷对自己的球队给予了大力支持，如有一支队伍老板表示，参赛队员按照双薪对待。黄儿营篮球俱乐部负责人降飞龙（音）表示，企业发展了，用体育运动来丰富人们的精神，用体育比赛来培养员工的凝聚力，是一个非常好的途径，用健康的生活方式替代酒桌和麻将桌旁的不健康生活，也是企业的一份责任。黄儿营只是河北省众多的经济强镇中的一个代表，这种经济发展反哺村镇体育文化建设的现象已经开始在河北各地大量出现，值得大力扶植和推广。

2016年10月黄儿营村篮球联赛暨广场舞大赛

下篇　非营利体育组织的理论与实践

第四章
国内外非营利组织的发展

第一节　非营利组织发展的思想基础——公民社会理论

一、公民社会理论

　　民主和法治与人民的生活环境密切相关，每个人都希望在美好的社会制度下拥有美好的生活方式，这既是一种个体的诉求，又是一个社会的发展目标。在漫长的历史发展中，人们总是在追求利用民主和法治建立起来的社会运行机制，这种机制既保障了社会统治或管理的权力制衡，又能够保障每一个社会成员都能够获得平等和自由的社会权利，从而形成一个理想的社会运行规则和秩序。从20世纪90年代以来，西方学术界对公民权利的研究逐渐多了起来，关于共和主义的公民理论、自由主义公民理论和社群主义公民理论的相关研究不断涌现。除理论界的研究与探讨之外，西方国家也在不断地探索、改善公民的社会权利，提升公民参与社会治理的意愿。

　　公民社会一词首先出现在西方社会，它的产生可以说是一个经历了多次分离与完善发展的过程。它脱离了野蛮社会，与政治国家逐步分离，目前还在通过不断的努力实现与经济社会的分离，只有这样，才能真正构建完整意义上的公民社会。对于公民社会的研究，国外开展得比较早，而且研究也比较成熟。国外的学者葛兰西与哈贝马斯等主要站在文化的角度来对公民社会进行研究。他们强调，公民社会等于文化共同体。西方国家对公民社会的讨论与研究主要与17～18世纪的资产阶级公共领域范畴联系到了一起。学者哈贝马斯强调，公民社会是一种私人和公共领域，它是独立于国家而存在的，私人领域主要是指将市场作为核心的经济领域，而公共领域主要是指以社会文化生活为主的领域。他们指出，公民社会主要是由各种自发形成的组织和社团组成的，这些组织和社团对私人领域中发生的社会问题更为关注，并将这些问题通过一定的形式反映和传达到公众领域。总之，公民社会可以理解为借助组织的力量让个体问题得到公共解决机制。

许多学者针对公民社会的定义进行了归纳分析。戈登·怀特强调：公民社会是连接国家与家庭的中介性社团领域，该领域是由与国家相分离的组织占据的，这些组织和国家的关系是独立的，充分享有自主权，是由社会成员通过自主自愿的方式结合在一起的，旨在保护或增进组织的利益或价值。[①]

我国学者对公民社会的研究开始于20世纪90年代，袁祖社、梁莹、曾盛聪、郁建兴、董明、李萍、何增科、郭道晖等是我国对公民社会研究较多的学者。有学者提出了关于公民社会的更宽泛的概念解释，我们不应该只看到公民社会中那些有组织的领域，还应该看到在市场经济下存在的纯私人领域。学者高丙中与袁瑞军对公民社会的组成部分进行了分析，并指出公民社会的组成部分有两个，一是在市场经济条件下产生的纯粹私人领域；二是蓬勃发展起来的不同民间组织。也就是说，构成公民社会的基本组成部分就是无组织的公民社会部分与有组织的公民社会。但是，纯私人领域的公民权利在更多时候都是要通过民间组织进行的。学者周国文认为"公民社会"是一种概念的存在，同时也是一种研究方法。从宏观上来讲，它主要体现在和国家关系的把握上；从微观上来讲，它主要体现在和与之结为共同体的公民关系的应对中。这种理解和西方社会提出的公民社会的概念是有一定差别的，西方社会对公民社会的研究更多的是让公民利用一种社会机制来实现政治诉求，同时也制约了国家权力的实施。而对于我国来说，要从先进社会的发展进程以及社会的现状进行分析与判断，我国的公民社会首先是建立在社会主义市场经济背景之下的一种与政治无关的社会关系领域，这也是公民社会在发展过程中必须要经历的三次大的分离阶段中的第二个阶段，也就是在18世纪西方社会已经完成了的与政治无关的公民社会。在现阶段的我国国情的基础上，公民社会有着特殊的意义，其价值功能和内涵指向对塑造自由和秩序兼备、公平和效率平衡的现代中国社会主义和谐社会有着重要的作用。

---

① 严新明，童星. 市场失灵和政府失灵的两种表现及民间组织应对的研究[J]. 中国行政管理，2010（11）：90-93.

二、公民社会中民间组织所具备的特点

通过对公民社会的定义进行界定，我们可知公民社会包括非政府的民间组织以及非企业的民间组织，所以公民社会研究的重点就应该放在对民间组织的研究上。公民社会在近年来已经成了全球发展过程中的一个巨大的浪潮，是市场及国家范围之外的一些社会机构，它们发挥着重要的作用，这类社会机构常常被认为是"自愿的""非营利的"公民社会的独立部门。不管这些社会机构的种类、样式如何多样化，这些社会机构都具有许多诸如私有性、自发性、自治性、非营利公益性、组织性等共同的特征。在公民社会中，各种民间组织要想正常运作，就必须具备相应的组织制度与结构。私有性就说明了民间机构与国家在隶属关系上是相互分离的，在管理上有着很强的自治性，民间组织机构对本组织内部的各项事务有自行独立处理的权利，当然也要接受社会公众和舆论的监督。公民社会组织是非营利性的，所以其存在与运作目标并不是为了获得利益收入，这一点也是与企业进行区分的关键点。在吸收新成员的过程中，要强调公民社会组织成员的自主自愿，在对组织成员进行必要约束的过程中，也要坚持来去自由以及广泛接纳的原则。与此同时，公民社会组织对于一些时间方面以及资金方面的自愿捐献也要开放性地接受。

俞可平强调，民间组织在公民社会中具有非政府性、非营利性、相对独立性、自愿性四个特点，这也是公民社会中的民间组织与企业组织以及政府机关相区别的关键点。所以，按照以上四个标准就可以分析判断出一个企业是否属于公民社会民间组织。在我国，公民社会属于典型的由政府主导的公民社会，官民双重性的特点非常明显，所以说，目前我国的民间组织还处于过渡阶段，需要进一步发展与完善，尤其是组织的规范性管理方面要进一步加强。除此之外，我国幅员辽阔，地区之间的经济具有很大的差异性，所以，不同地区的公民社会组织具有一定的差异性，因为市场经济体制的基础决定了公民社会的建立与发展。

综上所述，自治性、自愿性、非营利性、非政府性、组织性这五个特征是公民社会良性发展所必须要具备的，公民的平等参与以及公民之间的团结信任是非常重要的。我们要认识到，目前我们还处于公民社会的初期阶段，处于政府主导的具有官民双重性的公民社会，这个公民社会是一个过渡阶段，且存在民间组织不规范发展以及不平衡发展的现象。

三、我国公民社会的发展

自 20 世纪 90 年代以来，公民社会思想开始涌入我国，以俞可平、贾西津等学者为代表的研究团队在对西方欧美国家的公民社会思想进行系统研究后，结合我国实际，提出了政治改革进程中关于提升社会治理效果与效率的广大公民积极参与的社会主义公民社会思想。进入 21 世纪以来，公民社会思想方面的研究越来越丰富，学者们从公民社会的制度环境研究、公民社会的主体、公民社会的发展现状以及公民社会在我国发展的制约因素等方面，推出了一系列非常丰富的研究成果。

在公民社会的研究中，许多著作对于民众参与社会治理的功能提出了正面的观点。他们认为，在社会治理中，作为社会的组成分子和治理主体，公民的主观能动性需要充分发掘和调动。在我国社会主义政治建设和法制建设日益完善的今天，公民的权利意识、追求公平正义的观念也不断提升，公民意识越发强烈。同时，作为社会成员中的最为常见的组织形态——越来越多非政府组织（NGO）或非营利组织（NPO）的作用已经成为政府公共社会服务和市场有偿服务之外的另一支力量（通常也被称为第三部门、志愿服务组织等）。公民作为单独的个体，其力量无疑是非常薄弱的，但是众多的有意愿参与社会治理的社会人士组建起来的各种民间团体，则具有不可忽视的重要力量。近年来的义工组织、志愿团体、环保组织等多种 NGO 或 NPO 的大量涌现，直接促进了我国社会的和谐发展，在公共服务不能完全覆盖的地方进行社会监督、公平促进。特别是在遭遇重大事件时，如汶川、玉树地震，2008 年南方遭遇冰冻灾害等，各种形式的志愿团体发挥了极大的、不可磨灭的贡献，标志着我国公民社会建设进入了一个全新的阶段。

四、对公民社会中的组织建设研究

在对组织模式进行研究的过程中，我们可以将公民社会中的关于组织建设的理论当作参考，在信息网络不断发达的现代社会，对于原有社会群体联系不足的问题具有突破性的作用。所以，我们将通过网络手段组织起来的自发性群众体育组织作为研究的切入点来展开具体的研究，这与传统的自发性群众体育的组织模式研究相比，具有更广泛、更便利、参与门槛更低以及活动内容更丰富的特点，更容易被社会大众接受。

在对现代社会组织建设进行研究的过程中，弗朗西斯·福山发现，传统的社会群体也受到"弱联系"的困扰,各种处于社会网络边界的特异个体在弱联系中可以在群体之间来回穿梭,并因此发展成新的观点与信息载体。在传统社会中,它们就像是村庄或部落一样,是由性质相同但却完全独立的社会单位组成的,被称为"分块型"。而现代社会是与之相反的,其成员之间的身份具有多样性,同时还有许多社会群体的身份具有"重叠性"。在传统社会中,"块"与"块"之间基本不存在建立弱联系的机会,因此想要实现创新、人力资源、信息的传递基本上是不可能的。

在对现代社会民间组织建设进行研究的过程中,我们首先要做的就是要认识到这些组织在现代社会中所处的层面与地位。学者赵黎青强调,社会网络构成的范围可以分为水平层面与垂直层面。具有相同社会地位以及权利的人形成了水平社会网络,而社会地位以及权利不平等的人形成了垂直社会网络。他们的主要区别就是水平的社会网络与公民社会的精神更相符,而垂直的社会网络将依附关系和等级关系更好地展现出来。公民利用水平网络进行互惠互助的行为活动,推动了人和人之间的交流及信息流动,使人与人之间的信任程度更上一层楼。然而,人们处于垂直的社会网络中是很难产生社会信任并进行合作的。所以说,公民社会具有合作、互惠、信任、社会福利、公民参与的特征。背叛、规避、不信任、孤立、利用、混乱以及停滞不前等现象主要存在于公民化程度较低的社会之中。

综上所述,我国自发性的群众体育活动中的民间组织主要是由水平的社会网络中社会地位以及权利基本相同的人组建形成的,这也是在符合水平的社会网络关系的前提下形成的。

第二节 美国非营利组织发展概览

一、美国非营利组织发展回顾

美国是一个典型的多元文化融合的国家,在建国之前,就已经因为殖民历史而产生了公民意识凸显的社会。可以说是先有社会,后有美国。非营利组织在这个以移民为国民主体的国家中历史悠久。公民的结社精神和结社意愿非常明显,与之相应的志愿服务和广泛的社会参与、慈善行为直到今天,普遍存在于美国国民的基本社会观和价值观中,甚至存在于美国在国际行动上的所谓的"普世价值观"中。托克维尔在其著名的《论美国的民主》一书中有这样的描写:

"美国人不论年龄多大，不论处于什么地位，不论志趣是什么，无不时时在组织社团。在美国，不仅有人人都可以组织的工商团体，而且还有其他成千上万的团体。既有宗教团体，又有道德团体；既有十分认真的团体，又有十分无聊的团体；既有规模庞大的团体，又有规模甚小的团体……"[①]从书中阐释可见，美国国民组织社团的意愿和精神是与生俱来的，这种普遍存在于美国人头脑中的基本观念使得人们认为在美国社会中如果不隶属于某一个社团，就是脱离社会。

从地理和历史上来看，美国是一个独特的国家。因为远离亚欧大陆，美国历史上的动乱少了很多，只有独立战争和南北战争，在一战和二战期间，美国因为在地理位置上远离欧洲主战场而没有让本土受到攻击。美国这个国家是在殖民战争中形成的，在欧洲文化替代原住民的印第安文化过程中，英法等国家的社会文化开始在美洲大陆落地生根。在1620年，一艘名叫"五月花"的渔船载着102名受到宗教迫害的清教徒、破产者和流浪者，经过65天的艰难航行，抵达北美大陆。在上岸前，这群期待着新生活的人们（只有其中的41名男性有决策权，女性只能旁听）签约了《五月花号公约》，内容之一是"自愿结为民众自治团体"，这可以看作是美国社会最早的结社。

美国社会中早期（19世纪中晚期前）的非营利组织因所处的历史条件的约束，更多的是在反贫穷运动中形成互助关系，如在这一时期，劳工组织和农民协会大量产生。从19世纪末到第二次世界大战前，美国的经济发展取得巨大成就，社会财富迅速增加，但这些财富都集中在大财团、大家族手中。在20世纪初，美国社会矛盾和社会危机越发严峻，工人运动风起云涌，在民众要求社会变革的背景下爆发了著名的"进步主义运动"。在这种环境下，一些有着远见卓识的企业家开始顺应社会变革大潮，采用"私人基金会"等形式进行社会捐赠，来响应社会改良的呼声，这成为美国非营利组织发展中的重要标志。在这一时期，著名的塞奇基金会、卡内基基金会、洛克菲勒基金会先后成立。这些现代基金会源于美国企业，先进的企业管理理念和规范也影响着这些非营利组织的运行与发展，使之具有更高的社会效率，也是今天世界范围内的非营利组织经营管理与社会监督的源头。

---

① 托克维尔.论美国的民主（上卷）[M].董果良，译.北京：商务印书馆，1988：213.

从20世纪30年代到70年代，美国经历了1933—1939年的经济危机，罗斯福政府采纳了凯恩斯主义，全面干预经济危机，实施救济失业者和贫民的"福利新政"。1936年颁布的《社会保障法案》实施后，美国社会福利制度逐步健全起来，一定程度上挤压了非营利组织的生存发展空间。美国的非营利组织开始转向世界各地，积极参与救灾济困、难民救助、文化保护等活动，并产生了巨大影响。这一时期，美国各大基金会和大型非营利组织积极开展世界范围的大量援助项目，在农业发展、教育卫生、人权和社区建设等方面进行拓展，并输出美国社会的"普世价值观"。

20世纪80年代，美国经济出现"滞胀"，政府财政赤字不断高企，财政支出压缩。非营利组织的发展无法摆脱经济危机的影响，从政府获得支持变得困难，许多非营利组织开始转型，从商业活动和市场中获得发展资源。

二、美国非营利组织发展现状

美国的非营利组织经过多年的发展已经成为除政府和市场外的重要力量，也就是我们经常提到的"第三部门"。数量庞大的美国非营利组织在社会生活的各个角落发挥着重要的作用。非营利组织涵盖了公共慈善、艺术文化、人道关怀、高等教育、青少年体育与健康、医疗卫生、人群服务、社会利益、宗教等各个领域，在这些领域提供公共服务、帮助社区建设、开展政策咨询倡导，推动社会创新与发展进步。从整体来看，在实际运行中，美国非营利组织呈现出实力强大、专业化分工明晰、社区中的非营利组织非常发达、服务标准化程度高、国际化发展等特点。

三、美国非营利组织的法律环境

美国非营利组织的社会运行受到法律的保护和约束，主要有联邦政府、各州的法律保障，如国会法律、国际条约、财政部规章和美国税务局的管理制度等。

美国的法律由国会负责通过或修订，可以决定和实施关于非营利组织的管理制度，如税收的减免和优惠法律法规等，美国财政部门和税务部门具体制定和执行非营利组织的税收政策。美国是一个联邦制国家，各州均有着自己的法律法规，在州一级的相应规章制度中，也有着对于在州范围内的非营利组织的管理、免税地位的审核与批准等一套完整的法律法规体系。

四、美国非营利组织的管理制度

美国的非营利组织登记归属于美国税务局，因为涉及许多慈善捐助的税收问题。但是，与我们国家相似，许多非营利组织并未在管理部门进行登记注册，这种组织约占美国所有非营利组织的90%。①

在美国，每个州都有专门负责非营利组织管理的政府部门，负责注册登记、税收减免、常规审计等业务。政府管理部门会定期到非营利组织进行工作检查，并对非营利组织的工作报告和收支情况进行审查。同时，非营利组织的社会行为方面也有着相应的约束机制，如不得损伤公权力、为个人谋求利益、参与政治活动；禁止关联交易、为特定人和利益团体输送利益；严格执行财务管理制度，接受管理部门的检查和审计等。

案例①：

美国童子军协会

美国童子军（The Boy Scouts of America，简称BSA）是美国最大的非营利性、以素质教育为目的的青年组织，旨在培养青少年成为具有完善品格、健康体魄及富有社会责任感的高素质公民。目前其成员已超过500万。自从1910年该组织作为当时国际童子军运动的一部分创建以来，参加过该组织的美国人已逾一亿一千万，为美国培养和造就了大量人才，其中包括很多政界和商界的领导人物，同时也帮助美国政府培养了大批国防后备力量，最重要的是在提高国民素质方面起到了不可估量的作用。美国童子军近一个世纪的历史证明，对青少年的素质教育是建立一个更加勤勉、富有责任感和卓有成效的社会的关键所在。

BSA主要接受由志愿者组成的管理委员会的管理，但在较高的组织级别上则聘请专职人员管理，某些商业性活动也由专人管理。

在美国，凡年龄在7—20岁的孩子都可以参加，参加与否完全由孩子和家长自己决定。童子军的定期活动主要是进行军事训练，每到暑假就举行夏令营活动，内容丰富，时间较长，是美国学龄儿童，特别是小学生喜欢的民间儿童组织。

美国童子军于1916年被写入美国宪章，成为既获得官方承认，又具有民间性质的青年组织。其组织机构层次由高至低依次是：全国理事会—地方理事会—区委会—军团委员会—军团—小队。

---

① 王名，李勇，黄浩明. 美国非营利组织[M]. 北京：社会科学文献出版社，2012.

全国理事会设在德克萨斯州的欧文市，负责制定童子军方针政策、颁发国家级奖励、组织全国童子军大会、制定童子军项目等。其成员有专职带薪的，也有志愿者。

地方理事会负责开展本地的童子军活动。各理事会都拥有自己的营地及设施供夏令营使用，负责筹集资金、成人辅导员的培训及为本地军团提供其他的服务项目。目前美国的童子军地方理事会已达300多个。

区委会是由地方理事会按地理区域划分的，负责本地区的童子军事宜，如筹备夏令营、领导会议等。每个军团都有一个相应的区委行政官帮助打理本军团和小队的事务性工作及提供物资需求等。

军团一般由30—35名成员组成，由1名成人辅导员（志愿者）负责指导各成员完成各训练项目，帮助他们成功晋级及获得荣誉徽章。军团设有一个军团委员会，其成员都是志愿者，大多是成员的家人，负责推荐和选举本军团领导人、提供开会地点、按照规定安排军团的各种训练项目等。

小队一般由5—10名成员组成，由从中选举产生的小队长领导。小队长负责本小队的组织、动员、管理及上传下达的工作。

国家理事会的财政收入大部分来自成员会费、地方理事会上交的授权费、办童子军刊物、出售童子军装备的收益及各种社会捐献等。

童子军经费由童子军成员及父母、军团、授权组织及社区共同承担。同时也鼓励童子军成员们参加一些允许的盈利活动，通过自己的劳动为童子军赚取费用，如卖圣诞树、爆米花或出售童子军表演优惠券等。另外，地方理事会也通过一些募捐组织或活动筹集一些资金。这些资金用来培训成人辅导员，用于户外训练项目、理事会服务中心及其他设施和专业性服务等。童子军开会场地由本地授权组织（如学校、俱乐部、教会等）提供。

20世纪初，美国一些专门为年轻人谋求社会福利的热心人士非常关注美国的进步运动，BSA就是在这样的社会背景下诞生的。BSA遵守童子军宗旨：把一些（美国人认为重要的）价值观传授给少年儿童，诸如自尊、公民意识及野外生存技能（Outdoor Smanship，今改为Survival）等，这些价值观的灌输是通过参加一系列户外活动而逐渐完成的，例如：野营、水上训练及登山等。

美国前总统福特说过："我生命中最值得骄傲的时刻是当我获得雄鹰童子军奖章的时候。我现在还珍藏着它。童子军提供了十分重要的原则——自律、团结、道德与爱国精神，这些是作为一位未来领导者的基石。"

在美国，童子军被称之为塑造优秀美国公民和杰出领袖的训练营。登上月球的12名宇航员中,有11名曾是童子军成员。从罗斯福到奥巴马,19位美国总统也都纷纷盛赞美国童子军。

案例②:

美国大学生体育联合会(NCAA)

美国的大学生体育运动源自哈佛大学和耶鲁大学两所学校自发组织的划船比赛,其目的是希望通过校际间的体育竞赛来使大学生养成团结、拼搏的体育精神,在身心两方面获得同步发展。在获得更多学校的响应后,1906年3月31日,共有62所高校联合正式成立了美国校际运动联合会(IAAUS)。1910年,改名为美国大学体育联合会,即现在的NCAA。从成立之初,NCAA就定位于非营利组织的特性,并逐渐扩大影响成为体育和教育领域内重要的非营利组织。在NCAA的框架下,各种项目、各种级别的体育竞赛活动成为美国体育竞赛体系中的重要构成部分。

NCAA接受社会捐助,并进行市场化运作,财政收支接受美国的财政税收等部门的监管,有着完整的非营利组织管理体系。NCAA的管理制度明确规定,各单项锦标赛的财政总结需要在NCAA的年度报告中进行公示,所获得包括捐助在内的一切收入用于各锦标赛的支出(包括管理费用),所剩余的资金则用于NCAA的日常运行保障,如支付联合会框架下的其他需要支持的项目比赛支出、通过再分配来支持各联盟高校的体育运动开展。这种高透明度的运营方式不仅得到了美国高校和社会的信任,也是NCAA非营利特性的基本保障。

在美国,NCAA是规模最大、人数最多的一个管理机构,它不属于政府部门,也不同于我国的事业单位。它有着自身独特的非营利组织特性,通过民主的程序产生了完善的管理制度,有着高度的自治权,规章制度是全体成员共同约定并遵守的基本社会行为准则,也是保障NCAA沿着既定的组织目标健康发展的"基本法",确保了美国高校竞技体育的顺利推进。

NCAA通过垄断性的市场化运作,保证了自身发展所需的社会资源,同时,为美国培养了大批的优秀运动员,如里约奥运会上美国代表队获得了46枚金牌,并以共计121枚奖牌的骄人成绩位列金牌榜和奖牌榜榜首。

在里约奥运会上,美国总共派出555名运动员,其中的430多名精英运动员来自各所高校。作为传统体育名校,斯坦福大学、加州大学伯克利分校、南加州大学在输出运动员的数量上更是远超其他学校,以至于让人感觉整个美国队其实就是"大学生代表队"。根据美国"全国大学体育协会"官方网站的统计,这121枚奖牌的获得者大部分都是美国78所高校的学生,美国高校堪称奥运冠军的摇篮。

NCAA管理着多个分支机构,如各单项运动联合会、区域联合会等不同级别的协会或联盟。这里不得不提NCAA下的一个体育联盟,即"太平洋12校联盟",这是一个美国西部大学的民间体育联盟。它由亚利桑那大学、亚利桑那州立大学、加州大学伯克利分校、加州大学洛杉矶分校、科罗拉多大学波德分校、俄勒冈大学、俄勒冈州立大学、南加州大学、斯坦福大学、犹他大学、华盛顿大学、华盛顿州立大学组成。在里约奥运会上,"太平洋12校联盟"(Pacific-12 Conference)的运动员共夺得25枚金牌、13枚银牌、17枚铜牌,由此可见美国大学生体育联合会的成就巨大。

第三节 英国非营利组织的发展

一、英国非营利组织发展回顾

自1588年英国舰队打败西班牙"无敌舰队"后,英国迅速取代西班牙成为当时的欧洲乃至世界强国,在殖民时代凭借先进的科技实力和航海技术号称"日不落"帝国。

16世纪末期,英国的资本主义工商业获得了巨大的发展,因为制绒产业的大发展引发的"圈地运动"导致大量农民流离失所,英国社会一度陷入不稳定状态。在这一社会背景下,英国国会在1601年颁布实施了《慈善用途法》,这是世界上第一个关于慈善事业的法律。这一法案明确倡导富人要积极参与慈善行为,如救济老年人和贫困者、教育孤儿、兴办劳动教养院等。

1688年,英国资产阶级革命取得胜利,确立了君主立宪制的政体。资产阶级革命的胜利为英国发展资本主义和工业革命奠定了基础,英国的经济实力迅速积累。19世纪,英国的慈善事业进入黄金时代,志愿和慈善活动在英国社会中发挥了很大作用,各种志愿和慈善组织蓬勃发展。

第二次世界大战后,英国进入了后工业时代,财富迅速集中到少数人手中,导致社会矛盾非常尖锐,工人运动形势也非常严峻,对此,英国政府建立了较为完善的社会福利制度,如制定了《慈善信托法》等法律条文,后期不断地对《慈善法》修订完善。英国非营利组织得到了更加规范的发展和更加坚实的政府支持。

英国的慈善事业有着广泛的社会声誉,同时也接受多部门的严格监管,享有公共福利和税收方面的优惠政策。与美国不同，英国民众不太喜欢使用"非营利组织"的称谓，较多地使用"慈善组织"或"志愿组织"的名称。英国的慈善法规定慈善组织可以以公司的形式存在，在慈善委员会进行登记后接受相应的监管。慈善组织必须要建立完善的会计制度并确保透明公开，以保证慈善基金用于正确的项目。许多英国名人都曾经在各种非营利组织中担任管理者，如戴安娜王妃积极参与慈善事业并成为红十字会的重要成员。

二、英国非营利组织发展现状

英国非营利组织涉及范围十分广泛，涵盖了医疗卫生、社会救助、环保、动物保护、人权、体育、艺术等各个社会领域。其组织形式和规模也不同，既有手握巨资的大型基金机构，也有获取捐助、资源匮乏的草根非营利组织。慈善团体在英国有着悠久的历史，目前依然是非营利组织的主要力量构成。

英国民众的公民意识非常强，慈善组织之所以在英国发展很好，一个重要的原因是英国社会拥有大量的志愿者资源。资料显示，16岁以上的英国民众中有1/2的公民每年都会参与不同形式的志愿服务活动，当然，这些志愿服务活动是在非营利组织的平台框架下进行的。据英国全国志愿组织联合会统计，在英国，到2006年，公民社会团体的数量超过了86万个，创造了超过1 000亿英镑的社会效益。

三、英国非营利组织的法律环境

英国的非营利组织或慈善机构的社会运行有着完备的法律约束机制和保障机制。前面提及的1601年颁布的《慈善用途法》经过300多年的演变，在1960年正式成为《慈善法》。《慈善法》规定，慈善团体的主要活动为：扶助贫困、发展教育、宗教推广、其他公益活动。在《慈善法》的框架下，英国一度成为社会福利非常高的国家，有人说英国的福利"从摇篮到坟墓"，贯穿一生。

20世纪70年代后，撒切尔夫人的保守党政府大力推动高福利的改革，这给许多非营利部门创造了发展良机，许多非营利组织开始替代政府成为社会福利和公共服务的重要提供者。但是，因为撒切尔政府没有给予更多的政策支持和资金资助，导致非营利组织发展一度受挫，与政府间的关系也紧张起来。1997年，工党开始执政，布莱尔政府推出了多元化、包容化的非营利组织发展政策。1998年,英国政府与全英慈善与社区中心签署《政府与志愿及社区组织关系协定》,明确了英国政府与民间公益组织间的关系为合作伙伴关系,协议对非营利组织的社会作用给予肯定,并强调了政府与非营利组织的互补合作关系。

四、英国非营利组织的管理制度

英国长期以来依靠志愿精神来支撑起各种非营利性社会组织的正常运转,一直没有专门的针对非营利组织的立法,许多社区中的志愿服务机构只要符合法律规范,都可以开展各种形式的志愿服务活动,也可以按照自己的意愿随时随地参与感兴趣的志愿服务组织或慈善社团。在涉及较大规模组织的财务管理问题的时候,英国的各种志愿或慈善组织通常以有限责任公司的形式来明确法人,一些小型的、社区的非营利组织无须设立法人,通常会采用信托或者是非法人社团等形式来实现自己的慈善目标。

在英国,负责注册和管理各种慈善组织的机构并非是政府的某一个部门,而是"慈善委员会",依据慈善法负责全国的各种慈善组织注册登记、监督管理、社会支持等工作。在英国的社会运行中,这些非营利组织与政府的关系非常明确,那就是全面的合作关系。各种形式的志愿组织或慈善组织深入到社区中,在民众救助、政策咨询方面发挥着非常重要的作用,在社会治理中的功能不可小视。

第四节 我国非营利组织发展

一、我国非营利组织的发展历程

(一)中华人民共和国成立前的非营利组织

在我国悠久的历史中,每一个阶段都有非营利组织的身影,只不过大多以救济灾民、捐资助学的慈善行为为主。早期的非营利组织往往是由寺庙僧众或开明乡绅发起组建的,行动的目的简单,存在的形式随意。其他领域中的非营利组织也有较少表现,但迫于统治阶级的高压,被认为有政治嫌疑的时候往往会遭到重大打击。因此在古代,我国的非营利组织发展单一,很难对社会产生根本性的影响。

在清朝末年，随着西方入侵而进入中国的宗教信仰、政治思想，在中国社会产生了较大的影响。特别是动荡的社会环境使得非营利组织的产生与发展具有很强的社会需求基础。各种慈善救助组织、同乡互助组织、同业商会组织、宗教信仰组织、民族自强组织、政治参与社团纷纷成立，非营利组织在中国飞速发展，改变了国人两千多年来"普天之下，莫非王土，率土之滨，莫非王臣"的封建臣服思想，人们逐渐明白，命运往往掌握在自己的手中。这一时期，西方社会的法治思想对国人的冲击比较显著，也是人们开始参与有组织的社会生活的思想萌芽。

（二）中华人民共和国成立后的非营利组织发展回顾

中华人民共和国成立后，我国的非营利组织发展经历了治理整顿、政府收编、曲折前行、有限开放、鼓励发展的几个阶段。

所谓治理整顿阶段，是在中华人民共和国成立之初，政府为了更好地巩固人民政权，对于从旧社会延续下来的带有封建色彩和暴力因素的各种组织进行了全面清理，许多"会、道、门"和帮会组织被取缔禁止，对有益的商会、慈善等组织进行了社会主义改造，留精华、去糟粕，使之符合社会主义建设事业的基本要求。

为了更好地适应政治需要，在1953—1965年，许多社会组织和协会，包括工业、商业领域中的行业协会逐步被政府接管，成为政府统筹领导下的协会组织，享受政府资助，在发展模式和方向上与当时的社会建设保持一致。这是特殊历史阶段的发展需要，各种形式的非营利组织演变成为政府的一个机构或部门，由政府间接对所属行业或领域进行监管。

"文化大革命"期间，社会秩序严重混乱，各种原有的非营利组织发展停滞不前，甚至有些工商业协会组织被看成是资本主义的余毒而被打倒。这十年里，也有许多新的政治组织出现，如红卫兵组织、各地不同名号的"造反"组织，这些组织更多的是表达政治诉求。

党的十一届三中全会后，我国开始拨乱反正，为社会秩序走上正常轨道奠定了思想基础。各种协会组织也开始重新建立起来，但是，同样由于政治的需求，政府对于民间组织的成立持谨慎态度，并出台了关于社团组织的管理规定，其中，登记和注册是各种社会组织必须接受监管的途径之一。民政部门负责各种非营利组织的相关管理工作。我国非营利组织的发展缓慢，一些具有党政背景和行政色彩的非营利组织有着政策优势而发展空间较大。

　　1990年，深圳市义务工作者联合会（简称"深圳义工联"）注册成立，受到紧邻的香港非营利组织思想的影响，深圳义工联以帮助他人和充实自己为组织的主要动机和目的。在实际的工作中，这种志愿服务却遭遇到信息不通畅、志愿服务效率低、社会认可度不够等多种问题，深圳义工联逐渐转变运行思路，通过加强与政府的沟通、接受政府的指导与管理，来参与社会治理工作。佛山市的另一个非营利组织"义工团"也在青年志愿者协会成立后接受"招安"，转变身份，参与社会治理。同时，中国先后参加了"世界妇女大会"和联合国"国际志愿者年"两次国际非营利组织活动，为促进自主式非营利服务组织的发展提供了新的契机。①

　　在20世纪90年代后期，随着我国改革开张的不断深入，经济社会发展迅猛，公民组建民间组织以满足各种需求的愿望日益强烈，虽然有相应的法律条文约束，但客观现实是，许多社会组织绕过了国家的相关法律，自发地组织各种形式的非营利民间社团，我国的非营利组织开始呈现蓬勃发展态势。

二、我国非营利组织简介

（一）我国非营利组织的表现形式

　　改革开放以来，我国的民主化、法制化进程加快，非政府组织也大量涌现，在社会的各个领域中发挥着政府职能所不能和不便发挥的重要作用。不可否认，从改革开放之初到21世纪早期，我国的非政府部门扮演着政府的"好孩子和好帮手"的角色，是政府职能向社会延伸的重要替代者和辅助者。进入21世纪以来，我国在经济领域中的成就令世界瞩目，在政治建设领域中也获得了世界的赞誉，国内的法制建设也日趋完善。在这样的社会背景下，我国民众参与社会治理的意愿表达愈发强烈，于是，非营利组织为这些希望为社会建设、民族强盛做出贡献的公民提供了一个重要的诉求表达平台。从汶川大地震发生后多个志愿者团体迅速进入灾区，到救灾中为灾区群众提供各种服务，再到灾后烦琐复杂的重建工作，都有许多非营利组织的身影。

　　这些关系到国民生活方方面面的非营利组织，其运行模式不外两种。

---

　　① 谭建光. 志愿服务：理念与行动[M]. 北京：人民出版社，2014.

一种是政府直接管理下的非营利组织，即由政府部门通过行政手段来成立的，如红十字会、宋庆龄基金会、中华体育总会、足球协会等；另一种是间接管理下的非营利组织，即政府通过开放管理权限，利用经济杠杆和政策导向来引导社会成立新的非营利组织，如目前非常流行的各种慈善组织、互助组织等。这两种模式可以称为政府选择和社会选择模式。需要说明的是，社会选择模式下的非营利组织在发展过程中，政府会用资金、项目、政策等公共资源来表达自己的偏好。如对社会公益性组织的捐款可以从应缴纳税收中予以减免；在群众体育开展中，可以采用政府购买的形式发掘群众体育社团的能量，减少政府开支，促进体育组织的规范发展。

近年来，百姓身边的草根公益组织正在遍地开花，他们因为某种机缘聚合在一起，通过自己捐助和向社会募捐，帮助贫困居民、留守儿童，关注环境保护、公共卫生，或者积极参与各种社会公益和志愿服务活动。

（二）民间非营利组织发展的社会环境

1. 经济环境快速向好

我国的民间非营利组织的蓬勃发展离不开改革开放近40年的经济增长大环境，正是因为经济飞速发展，我国城乡居民收入才大幅提升，可支配收入也与30多年前相比发生了翻天覆地的变化。"仓廪实而知礼节"，当国人不再为衣食住行感到拘谨难安时，便开始思考如何让自己的生命更有价值、自己的生活更加精彩。这也是马斯洛"人的需求理论"的最朴素解释。当某一地区发生灾难时，人们很容易激发起心底期望奉献和救助别人的愿望。经济飞速发展也直接影响着民众参与社会事务的愿望和动机。

2. 政策环境逐渐宽松

我国对民间结社的管制历来非常严格，特别是在建立人民政权之初，政府对分布在民间的对抗人民政权的各种"会、道、门"组织进行了彻底的清理与整顿。在社会主义精神文明建设逐渐占领人们的思想阵地后，国家逐渐放开对民间组织的管理，鼓励民间组织参与社会经济文化建设活动。特别是在中央提出转变政府职能、建立服务型政府的发展方向之后，我国的民间组织开始如雨后春笋般成长起来。时代变迁要求政府放开一定的权限，该归于市场的交给市场，该归于社会的交还给社会，政府更多的是做好服务和管理。这种历史背景下，民间非营利组织得到了宽松的发展环境，区域性、行业性、专业性的各种非营利组织开始发展，并逐渐壮大。虽然民间非营利组织无法与政府统筹下的"红十字会""青基会"等全国性的慈善组织相比,但是,遍布城乡和各个领域的各种民间非营利组织却发挥着政府和市场"双失灵"情况下不能发挥的保障人民福利的重要作用。这一点,我们可以从经常见诸各种媒体平台上的诸如"大凉山支教""母亲水窖"等民间非营利组织中深感其价值的不可忽视。

3. 公民社会思想下人民参与社会治理的意愿不断增强

改革开放不仅使经济快速发展,人们的思想意识也在不断变迁,这种变迁体现在整个社会生活中,也表现在社会生活内在逻辑的重大变革上。有序运转的社会需要组织化的社会生活方式,这种组织化生活方式的变迁促使社会成员由以"丛林法则"为主导的生活状态向着"共生发展"的生活模式转变。人们深刻地认识到,共生共存是今天人类生活的世界的基本准则。从环境保护到动物保护,再到关心关爱身边需要帮助的人,无不体现着这种共生发展的思想。

在社会生活中,人们开始越来越多地表达自己作为社会一分子的诉求,积极参与社会治理。这些变化比比皆是,"车友会"利用周末探望山区留守儿童,老年知识分子成立"夕阳红读书社",科技工作者成立"校外辅导员志愿团队",奥运冠军积极加入"社区健身跑团"等,这些各种形式、不同领域、服务对象有别的民间非营利组织不仅为成员们提供了奉献爱心的平台,也通过"乐群"效应使得每一位组织成员在活动中得到了心灵洗涤和价值认同。

4. 体育领域公民社会视角的研究也日益丰富

在体育领域内对公民社会进行研究是非常重要的。第三部门的体育组织主要是非营利体育组织(有民间体育组织、非正式体育组织、非政府体育组织、"草根"体育组织等多种称谓)。它们有不同的类型特点,自然也具有不同的内涵和外延,但它们都是公民社会中第三类组织的重要组成部分,对于我国自发性群众体育组织的研究来说,其具有极大的借鉴作用,如对组织内部的结构模式、组织发展的外部资源支持、组织发展对公民社会创建的意义、组织发展中现存的困难等都有指导意义。

学者李宜强强调,在全球化背景下,国家的生存状况已经发生了根本性的变化,公共权威也经历了向上转移、向下转移以及向外转移的三个转移过程,其中,上主要是指欧盟等国际组织;下主要是指国家次级政府;

外主要是指市场、公民社会组织。在经历这三个转移的过程中，很多社会组织应运而生，促进并实现了公共权朝着第三类社会组织靠拢。

从公民社会的发展与第三类体育组织之间的相互促进的关系上来看，现代体育社团的发展需要有一定的组织保障，这个组织保障的提供者就是公民社会。黄亚玲教授强调，西方公民社会的形成是以人为中心的，这就为现代体育的社会组织提供了有力的保障，让体育社团的生存与发展拥有适宜的土壤和环境，如英国的划船协会、法国的体操联合会等一些体育社团组织，它们的发展方式主要以自主、自愿、自筹资金为特点，为体育的发展开创了一条特色之路。国际奥林匹克委员会形成和发展的基础也来自于这些社会体育组织和团体。黄亚玲教授在国家和社会组织关系的方面提出，西方国家与社会的分野形成了国家用权力对社会组织进行保护的局面，人的价值通过社会组织来充分体现，并在社会中得到充分发展。

在民间体育组织与政府之间的关系处理上，学者王家君强调，我国的国情决定了所有的体育组织都不能脱离政府而独立存在，而是与政府有着千丝万缕的关系，尤其是在民政部门办理过登记注册手续的民间体育组织，不管是在政策上，还是在资金上，他们都希望得到政府的支持，同时也希望民间体育组织的负责人是由政府部门的领导人来兼任的。民间体育组织的这种愿望与倾向是普遍存在的，在其他非营利组织中也是如此。但是这也导致了民间体育组织在现代社会的发展中处于尴尬的境地，怎样才能既享有组织发展所需要的独立自主权，又同时享有政府的各项支持，尤其是经费上的支持，这是一个值得探讨与研究的问题。学者秦小平、王健、鲁长芬在这个问题上谈到，我国的公民社会在培育过程中，形成了自发性与人为性同时存在、民间性与官方性同时存在的特点。在短时间内进行高水平的、大范围的公共服务是不太可能的，不管是我国的政治方面、经济方面，还是社会环境方面，都不适应公共服务均等化的条件与环境。

总之，我国非营利体育组织的作用在我国体育领域是需要不断完善的，在这个不断完善的过程中，首先要着眼于我国现阶段的具体国情，认识到我国公共体育服务的目标不是单纯地依靠政府关于财政转移支付制度的改革就可以达到的，还要认识到公共服务上的差异与身份壁垒之间的关系。我国的公民目前还存在对自身的体育权利认识不充分的情况，对体育权利的认知也不够明确，人们在潜意识中就没有想过要为自己的体育权利做争取。以上这些都需要我们在社会不断进步的同时不断地去完善。

第五章
非营利体育组织产生与发展

第一节 我国群众体育社团的发展状况

群众体育工作的深化离不开各种体育组织体系的效用发挥。无论是政府方面的"官办"组织，还是以体育为经营业务的"私办"组织（如健身俱乐部），都在为全民健身工作的顺利推进做着巨大贡献。随着社会的不断进步和人们思想意识的改变，越来越多的人希望用自身的行动来推动团体进步、增加社会福利，于是，在政府公共体育服务和市场有偿服务之外，各种形式的体育社团开始组织起来，并对参与者产生了实实在在的积极影响。这些体育社团大多以非营利的性质存在和发展，特别是近十几年来，这种组织形式已经成为政府和市场之外的重要力量，即学术界经常提到的"第三部门"。这些组织的存在，为更好地贯彻实施国家的全民健身计划奠定了组织基础。

一、早期我国群众体育社团的发展

前面已经提及过，我国在较长的一段时间里并没有"体育"一词，但实质上有许多以身体教育为主要表现形式的技艺传承与传授活动。在过去没有严格的教育体系的社会背景下，许多传统的身体教育形式是通过社会组织来沿袭的。我们可以以20世纪初叶为分水岭，在辛亥革命之前，封建社会中群众开展具有传统体育文化色彩的社团组织下的体育活动，其目的主要是强身健体、保卫家园、文化传承、技艺传授等，在相当长的时间里，群众体育是以武术、杂技等形式呈现的。在长期的封建思想影响下，在"文能安天下，武能保家园"的传统思维下，人们极少考虑到体育对个体、对群体、对社会、对民族和国家有哪些作用和价值等。在很多时候，这种普通百姓的组织活动会在一些动荡的年代中被政治势力所裹挟，从而成为反抗统治或寻求自保，或谋求私利的帮手，如清代中期的"白莲教"，清代末期的"义和拳"等。这些民间的以传统体育文化传承作为黏合剂和凝结核心的社团组织，在实质上影响了中国社会的进程，在反抗黑暗统治、抵御外来侵略、寻求民族强盛中发挥了巨大的作用，也充分展现了民间社团的力量和诉求。

这些靠传统体育文化凝合在一起的社团组织，在过去发挥着重要的社会动员机制，在今天看来，这是我国早期的群众体育社团形态的呈现。

二、我国近代群众体育社团的发展

在辛亥革命前后，随着新思想对国人的启迪，以及民族危亡的紧迫社会现实，强壮身体、强壮民族的思考开始冲击许多关心国民和民族的有识之士的头脑，毛主席曾经在《体育之研究》一文中提到："体者，载知识之车而寓道德之舍也。"在民间，多种形式的以强身健体、强壮精神为目的的民间体育社团开始大量涌现，许多学校学生自发组织的体育社团发挥了重大的作用。20世纪80年代风靡全国的《霍元甲》再现了那个时代民间体育社团追求自强自立的故事，剧中的"精武会"只是众多民间体育社团的一个代表和缩影。

在中华人民共和国成立前的几十年中（从20世纪20年代至中华人民共和国成立），中国群众体育社团经历了风起云涌的发展历程，1927年12月，当时的国民政府在南京成立了全国体育指导委员会。这一组织的成立，改变了以往只注重学校体育而忽视社会体育的状况，标志着体育已被视为一项完整、独立的国家事业而由专门的机构和组织进行领导与管理。许多以"促进会""体育协会"等形式存在的社团组织在国统区的发展中受到了较大的政治诱导和制约。在针对青少年的体育改造过程中，一些有识之士效仿美国童子军制度建立了中华童子军协会，如1912年教育家严家麟参照英国童子军模式在武昌的文化书院成立了第一个"中华童子军"，力求通过引导幼童参加多种社会活动和体育锻炼来促进身心健康发展，之后，江苏、上海、广州等地纷纷成立童子军组织。1927年，中华童子军归国民党青年部和教育部管辖，从而演变成为国民党统治青少年思想的一个间接途径。

在解放区，各种形式的群众体育组织也大量涌现，但主要以练兵等习练军事技能的形式为主。在共产党领导下的军队中，也有着多样化的表现，其中，解放区中各种体育竞赛引发了强身健体的锻炼大潮，129 师在太行山根据地也曾多次举办运动会，增加了解放区中普通百姓对体育的认识。另外，随着妇女运动的大力推进，许多妇女同志开始解开缠足的布带，放下针头线脑，开始了各种形式的体育锻炼。

三、中华人民共和国成立后的群众体育社团发展

黄亚玲教授对中华人民共和国成立后的群众体育社团的发展有着深刻的研究，这一阶段从中华人民共和国成立后到改革开放之前。在本书的前面章节中，笔者对中华人民共和国成立后的群众体育发展已经详细阐述，在此不再赘述。

四、改革开放初期的公共体育服务与市场体育服务

在政府公共体育服务中，遍布在城市乡镇中的健身锻炼点和健身指导员队伍的作用不可小觑，在有组织的群众锻炼中，他们不仅提供体育活动的空间和器材设备，还为公众提供科学的锻炼指导，是全民健身的坚实基础。这也是我国群众体育发展的特色之一。张发强在 1999 年发布的《中国社会体育现状的调查报告》中强调，群众体育活动的开展要围绕群众体育活动点来进行，我国的群众体育活动点主要包括体育中心、晨晚练点、活动站、活动室、人群体育协会的活动点、体育辅导站和项目等。我国政治经济体制的发展与变换带动了我国自发性的群众体育组织的形成与不断发展。从 20 世纪 70 年代开始，各种体育组织在数量上呈不断增加的趋势。但是，改革开放引发的社会变革在体育领域中发酵到产生实质性变化同样需要一个时间和过程，这是一种生态演变的自然规律。也正因如此，在改革开放初期，我国的体育组织大多是在原有的体育运动委员会的基础上产生的，挂上民间协会的牌子，如中华体育总会、老年体协、足球协会、篮球协会等，就其根源而言，仍然是政府搭建的组织班底，说到底，就是我们经常看到的"一个班子，两块牌子"的现象。这些机构在特殊的历史时期，尤其是在民众的思想观念转变之初，发挥了强有力的社会动员功能。这一阶段，在各种体育协会的组织策动下，城市、工厂、乡村到处都有锻炼的人群，城区运动场、厂矿体育馆、农村打谷场上各种比赛缤纷呈现，观众围拢助战，锻炼热潮高涨，一扫"文化大革命"乱带来的阴霾，体育运动中蕴含的体育精神展示了民族的活力与追求发展和进步的动力。

在改革开放后，经营性体育组织机构建设也经历了艰难的质疑、观望、

尝试、起步阶段。在南方沿海地区中，一些经营性的休闲体育场所开始萌动，如台球厅、迪斯科舞厅等经营场所开始出现，但数量较少，社会影响较小，市场化程度普遍较低。

改革开放初期人们的思想观念也普遍受到政治思想的惯性影响，在组织结社的意愿方面不能表现太多。另外，社会组织的成立与审批也有着严格的管理规定，因此，自发性群众体育组织在建设方面非常困难。

五、20 世纪 90 年代后的群众体育社团

20 世纪 90 年代以后，群众体育社团真正进入到了迅速发展的阶段，我国的群众体育活动组织走过了由少到多、由稚嫩到逐步成熟的一个过程。改革开放以后，我国的经济体制发生改变，由计划经济体制转变为市场经济体制。从 1984 年开始，在城市范围内，各个单位进行了体制改革，就体育领域来说，传统的单位制体育模式解体，原来由单位承担的许多群众体育健身的功能全部都转移到了社区，部门单位之前负有的社会福利与服务职能都开始向外转移。这种背景下的自发性群众体育组织既要满足社会大众进行体育锻炼的需要，同时还要肩负起体育为大众生活服务及带动整个民族提升健康水平的社会职能。

有许多学者探讨了有组织的群众体育活动的重要性，其中杨桦教授等学者强调，群众体育工作的开展首先要有体育组织，构建全民健身组织网络体系属于构建多元化的体育服务体系的一部分，也是重要环节之一。在我国人民群众不断增长的体育需求的前提下，群众体育活动改变了原来松散、无组织的状况，正在朝有组织、有计划的活动状态不断发展。除此之外，还有学者对我国农村地区的自发性群众体育组织是如何产生的这一问题进行了研究，答案是我国农村地区经济的快速发展以及我国政府职能的转变推动了我国农村地区自发性群众体育组织的产生。学者朱海峰强调，农村地区的自发性群众体育组织不受政府部门的直接管辖，同时也没有大量相关资金的投入，但是却能让我国农村地区的广大的农民真正融入具体的体育活动中，让广大农民通过体育锻炼受益。学者朱海峰通过调查研究发现，我国农村地区的自发性群众体育组织对政府机构和市场组织之外的体育管理空间进行了有效填充，在发展农村体育的过程中，农村地区自发性群众体育组织已经成了重要的载体，对我国农村体育的发展起到了促进作用。相对于市民社会来说，公民社会就是将农村地区的广大农民群体包

含在内，在农村地区开展群众体育工作要面对很多的困难，例如：开展难度大、起点低、范围广等，所以我们更要将农村自发性群众体育组织的特点与作用充分发挥出来，尤其是它的灵活性与多样性。

第二节　非营利体育组织发展概况

一、非营利体育组织的概念界定

我国存在许多非营利性组织（NPO），非营利体育组织也是非营利性组织的一部分。目前许多学者非常热衷于对非营利性组织的研究，那么非营利体育组织又是指什么呢？

魏来（2005）对体育非营利组织的概念进行了系统的分析，从国外体育 NPO 的概念引入都符合我国实际的分析探讨，认为体育 NPO 是指以服务大众的体育方面的需求（如娱乐、健身、身体训练等）为宗旨的，独立于政府部门之外的，不以营利为目的的公益性的社会组织，它具有 NPO 的基本特征，即组织性、私人性、自治性、非营利性、自愿性，包括各种体育协会、非营利体育俱乐部、体育联合会等。[①]

到目前为止，非营利体育组织的概念仍没有一个明确的说法，国外的学者对其做出了不同的定义，而我国学者到目前为止在非营利体育组织上还没有形成一个统一的正式的概念，有些学者又将其称为体育非营利组织。通过对相关资料的查阅，我们发现非营利体育组织概念的界定具有多样性，有的是从性质上对其进行界定的，有的是从结构功能上界定的，还有从其他方面对其进行界定与描述的。

二、非营利体育组织的分类

（一）非营利体育组织的分类依据与类型

依据非营利体育组织的活动范围来进行分类，可以分为全国性、地方性、基层性（草根性）的非营利体育组织。全国性的非营利体育组织主要作用发挥的范围是全国，一般会有各省、市、地区的分支机构或派驻机构，如中华全国体育总会，影响广泛的中华全国体育基金会、蓝天救援队、绿野救援队等民间的一些组织；地方性的非营利体育组织主要是指各省、

---

① 魏来，石春健. 体育非营利组织的界定 [J]. 体育学刊，2005(3)：129-131.

市、地区的体育协会以及活动范围在本省市区域内的体育社团组织；基层性（草根性）的非营利体育组织主要是指在社区的群众体育锻炼点活跃的非营利体育组织。[①]

依据政府在非营利体育组织中作用发挥的程度来进行分类，可以划分为政府主导型、政府影响型、放任型非营利体育组织。政府主导型非营利体育组织主要是各类官方背景下的协会组织，包括推向社会的原各单项运动协会；政府影响型非营利体育组织是指在组织的活动中较多地受到了政府行为的干预和影响，在组织章程和组织运行中充分考虑政府的发展需求，如影响范围较广、组织规模较大的非营利体育组织；放任型非营利体育组织中基本没有政府干预的身影，是由广大群众凭爱好而自发组织起来的各种草根组织，这些组织在获取社会资源方面受到多种约束，结构相对松散，组织成员也来去自由，同时，没有严肃的组织章程约束成员间的各种组织行为。

我国的民政部门根据非营利组织的不同法律身份，也对各类非营利组织进行了划分，分为民办社会团体、非企业单位。依据这种分类方式，那么非营利体育组织也就可以分为体育社团和体育类的民办非企业单位。事实上，这样的划分没有将许多活动于民间的但并未在民政部门进行注册的非营利组织囊括在内，这种划分方式一般用于对非营利体育组织的研究，因为大部分的非营利组织的信息都是从民政部门得来的。

（二）体育社团的类型

我国的《社会团体登记管理条例》于1998年颁布，其中第二条对社团的定义进行了规定：社团是指中国公民自愿组成，为实现会员共同意愿，按照其章程开展活动的非营利性社会组织。我国的学术界对体育社团的研究是比较多的，从体育社团的性质及其构成主体的角度来对其进行分类，主要分为五大类，分别是：竞技类群众体育社团、健身类群众体育社团、学术研究类体育社团、观摩比赛类社团组织、休闲娱乐类群众体育社团。

1. 竞技类群众体育社团

竞技类体育社团主要以喜欢体育竞赛并亲身参与的体育爱好者为主，组织成员通常有较好的体育项目基础，喜欢激烈的竞争和对抗，并从中获

[①] 胡宇，刘青．我国非营利体育组织政府管理模式特点及创新研究[J]．成都体育学院学报，2012（1）：33-36．

得体育比赛带来的舒畅感觉。近年来此类组织有了长足发展，已经成为许多地方群众体育赛事活动的主要参与者。北京回龙观社区有着优良的群众体育传统，一群热爱足球的社区居民在2005年自发组织了足球联赛，随着影响力日益扩大，一些回龙观社区之外的群众性足球队也加入进来，形成了今天的回龙观足球超级联赛（简称"回超"），目前已经成为北京地区的重要群众性体育赛事活动。在回超的带动下，回龙观社区的篮球联赛、羽毛球联赛也风生水起，有声有色。除这些群体性竞赛项目之外，还有一些跑步爱好者团体，也经常性地参加各种形式的体育竞赛活动，这些体育社团组织的非营利特征显著，参与活动时也采用自费AA制，或通过各种关系获得商家的一些赞助，但赞助资金用于组织的日常运转。此类社团目前非常流行。

还有一种目前较为普遍的非营利体育组织存在形式，即由某一商家（通常是所有者或高管喜欢体育运动）负责资金投入，组织竞技类群众体育社团常开展各种形式的竞赛活动。这些组织大部分是本着热爱体育、锻炼身体、以赛会友的初衷来参加各种民间体育竞赛的，在赛事中涉及经费支出时，或采用AA制，或由企业商家冠名。归根结底，这种类型的体育社团组织仍然属于非营利体育组织。

图 5-1 第一届回龙观地区篮球超级联赛颁奖仪式

2. 健身类群众体育社团

健身类群众体育社团非常普遍，都是喜欢健身的人群因为对某种运动项目产生兴趣之后汇聚在一起组建的，如中老年群体的广场舞社团、健步走社团、秧歌社团等，社区中或学校中的青少年轮滑、街舞、球类等各种健身俱乐部以非营利的形式运转。此类社团组织在当前群众基础最为庞大，也是全民健身计划得以顺利推进和深入发展的重要支撑。

图 5-2 广场舞社团　　　　图 5-3 青少年健身俱乐部

3. 学术研究类体育社团

前面已经述及，在群众体育活动开展中，科学健身的方式方法、群众体育政策的参考与出台、健康生活方式的干预等工作需要许多研究团队的积极参与，中国体育科学学会是这类体育社团组织的优秀代表。此外，各地还有许多民间的学术研究类体育社团，更多地倾向于新的健身形式的研究与创编等活动。

4. 观摩比赛类社团组织

人们对体育的热爱有多种表达方式，通过观摩体育比赛来展示自身对该项目的喜爱是许多观摩比赛类群众体育社团组织的凝聚因素之一。球迷组织是此类社团组织的重要组织形式。目前，各地均有数量众多的球迷协会，球迷们在各种球类比赛中踊跃地为自己所钟爱的球队加油助威，同时积极参与球队组织的各种社会活动，在观赛活动中获得丰富的情感体验。如永昌足球俱乐部主场在河北省省会石家庄裕彤体育场，每逢比赛日，"冀之魂""蓝魅"等球迷协会便从线上（QQ群）走入线下，赴赛场为永昌足球队加油。这些球迷组织有着自己的组织机构，团队骨干负责召集、管理、规划，如口号、统一着装、道具、旗帜等，其中"蓝魅"球迷组织是一个爱好足球比赛的女性球迷协会，在偌大的看台上伴随着助威歌声成为一道亮丽的风景。

图 5-4 "冀之魂"球迷协会的徽标

5. 休闲娱乐类群众体育社团

近年来随着居民对体育需求的不断增加，参与社团也呈现出多样化态势，除了追求身体健康之外，还有许多追求休闲娱乐的体育社团组织也不断涌现出来。这部分人群喜欢走出家门，走到户外参加各种休闲娱乐活动。如钓鱼协会、户外运动组织等，组织成员更倾向于寻求心灵上的安静与情绪上的放松，与竞技类社团组织成员对待体育有着截然不同的态度。特别是户外运动群体，已经成长为当前城市居民参与体育组织的重要选择，移动互联技术的普及为这些组织提供了非常便捷的联系方式，在QQ群、微信群、网上论坛中通过发帖的方式很容易就召集起一队人马。但是，需要注意的是，户外运动的风险系数较高，每年都有许多意外事故发生，因此，组织者也在不断地改变管理的模式，如在行动开始前需要每位参与者投保一份高额的意外伤害险、一旦出现问题要自负其责等管理规定几乎成为户外运动组织的"标配"。同时，为了避免或减少意外事故的发生，户外运动组织还会经常性地邀请专业的人员来进行户外运动知识介绍、急救培训等，可以说，此类组织也正在逐渐走向正规。

（三）体育类民办非企业单位

中共中央办公厅、国务院办公厅在1996年颁发的《关于加强社会团体和民办非企业单位管理工作的通知》首次提到了"民办非企业单位"这个词。1998年10月25日国务院颁发的《民办非企业单位登记管理暂行条例》对"民办非企业单位"一词进行了法律上的确认。条例中第二条对"民办非企业单位"进行了描述，民办非企业单位是指企业事业单位、社会团体和其他社会力量以及公民个人利用非国有资产举办的，从事非营利性社会服务活动的社会组织。目前，卫生、体育、教育、科研、文化等诸多领域内都有民办非企业单位。体育领域内的民办非企业单位是由企业事业单位、社团、社会力量及公民个人借助非国有资产组织开展的非营利性的，以各项体育活动为主要内容的民办社会组织。

三、现阶段我国非营利体育组织的特征

（一）非营利体育组织具有非政府性的特征

非营利体育组织不属于政府部门，它与政府部门是相互独立的，在组织机构上和国家的政府部门是划分清楚的，不具有政府的职能。从制度的

角度来说,非营利体育组织规章制度的制定与完善是不受政府部门管辖的;在组织、开展各项体育活动时可以不受政府部门干扰,但是,其制度的设定与活动的组织开展是必须要符合法律规定的,不能凌驾于法律之上。在实际工作中,我国的政府部门对非营利体育组织的日常经营活动还要有一定的宏观指导作用,最大限度的保障非营利体育组织持续、健康、有序发展。

(二)非营利体育组织具有社会公益性的特征

作为社会运行的一个组成部分,积极参与社会治理,不断满足我国居民日益提高的健身休闲需求是非营利体育组织的使命和宗旨,非营利体育组织要最大限度地为社会大众创造并提供便捷的、无成本或低成本的各项公益性体育服务。在我国的市场经济快速发展的同时还应看到,利益分配不均是一个越来越突出的问题,我国的政府部门对体育服务供给等问题的不重视导致体育服务供给不均衡,引起社会广泛关注,在不同层面、不同程度上促进了群众性体育事业的发展。虽然非营利体育组织有着非营利性的特点,但并不代表非营利体育组织的日常运营活动不需要考虑利润或是不能有所盈利,非营利性特点主要是指其日常运营活动所得到的收入并不是为了给组织内成员进行利润分配的,这部分收入主要是用来进一步发展壮大非营利体育组织的。非营利性的体育健身活动体现了社会的公益性,同时体现出一种特殊的经营模式和发展机会。

(三)非营利体育组织具有志愿参与性的特征

现阶段,我国各行各业的改革不断深化,体育事业也不例外,现已进入关键时期,创建非营利性体育的志愿者组织有益于我国群众体育的服务体系进一步完善,同时也对我国群众体育的蓬勃发展有极大的促进作用。我国非营利体育组织的管理者一般都是按照自身的兴趣、爱好而志愿结合在一起的,志愿者在对非营利体育组织进行日常经营的过程中发挥着重要的作用,因此,非营利体育组织的管理者要不断招募更多的志愿者,为组织活动的顺利开展提供有力的保障。

(四)非营利体育组织具有自治性的特征

我国非营利体育组织一般都是由民间自愿自发而组织形成的。非营利体育组织的成员是由社会成员基于共同的爱好而自愿组合在一起的,在日常的非营利体育组织的经营活动过程中,其内部成员可以享受到充分的自治与自主权利；在对内控制方面，非营利体育组织拥有对组织内部事物的独立管理能力，同时在活动内容与范围上都能进行有效的控制；在对外协调上，非营利体育组织对体育社团与政府的关系及社会和市场的关系能做到有效的协调与管理。

四、我国非营利体育组织的存在形态

目前我国比较常见的非营利体育组织大致有以下四种。

（一）体育基金会

2004年颁布实施的《基金会管理条例》指出，基金会是指利用自然人、法人或者其他组织捐赠的财产，以从事公益事业为目的，按照本条例的规定成立的非营利性法人。《基金会管理条例》第三条明确了基金会分为面向公众募捐的基金会（即公募基金会）和不得面向公众募捐的基金会（即非公募基金会）。公募基金会按照募捐的地域范围，分为全国性公募基金会和地方性公募基金会。

体育基金会是我国体育事业发展中比较特殊的一种组织形式，是在政策和法律允许的范围内通过向公众和企业募集发展资金，用于支持体育事业或某一特定运动项目和人群而成立的基金组织。体育基金会在我国成立的时间较短，主要是参照了西方非营利性基金会的运作模式，力图通过基金会的运作来促进我国体育事业的全面发展。在我国民政部注册的基金会中，体育基金会的规模较小，数量也很少。另外，由于近几年红十字会等公益组织暴露的社会信任问题也影响了体育基金会的发展。特别是非公募基金会，在具有逐利性的企业进驻后往往会引发社会质疑。

目前，人们比较熟悉的公募体育基金会主要有中华全国体育基金会、各省的体育发展基金会等，在非公募体育基金会领域中，则有许多著名的运动员或知名人士建立的基金会，如李宁体育基金会、陈伯滔体育基金会等，以及由贺龙元帅的女儿贺晓明注册设立的"贺龙体育基金会"等。

无论是公募还是非公募体育基金会，都需要接受相关部门的监管，以确保其在公开透明的状态下高效率运转，推动体育事业的发展。如《基金会管理条例》第十条规定：基金会章程必须明确基金会的公益性质，不得规定使特定自然人、法人或者其他组织受益的内容；第二十五条规定：基金会组织募捐、接受捐赠，应当符合章程规定的宗旨和公益活动的业务范围。境外基金会代表机构不得在中国境内组织募捐、接受捐赠。公募基

会组织募捐，应当向社会公布募得资金后拟开展的公益活动和资金的详细使用计划。①

案例①：

"姚基金希望小学篮球季"项目团队

"姚基金希望小学篮球季"公益项目启动于 2012 年，由姚明爱心基金与中国青少年发展基金会、中国篮球协会共同主办。这一项目秉承"以体育人，开启新希望"的公益理念，旨在让贫困地区的儿童有机会了解篮球、感受体育精神、享受体育运动的快乐，帮助孩子们健康成长。

"姚基金"是由著名篮球运动员姚明发起的专项慈善公益基金。多年来，"姚基金"一直致力于社会公益慈善活动。截至 2015 年，"姚基金希望小学篮球季"已连续 4 年成功举办，累计为全国 25 个省（市、区），342 所学校，近 32.25 万人次的贫困孩子提供学习篮球的机会。活动以其新颖的内容、健康良好的公益影响力在社会各界引起了广泛的关注。

2016 年，"篮球季"将继续在全国 25 个省（市、区）开展，将有 400 余所学校参与活动。"姚基金"希望通过篮球让孩子们获得快乐与自信，展现出团队协作性与自己的个性。在向参与学校捐赠硬件设施的同时，"姚基金"公益团队也会提供软件上的支持，对孩子们进行一些篮球知识的培训，定时组织一些篮球活动、集训、竞赛等。这不仅让孩子们开阔了眼界，也让孩子们增强了自信，并体会到篮球带来的快乐。

资料来源：http: //sports.cntv.cn/2015/12/03/ARTI1449119063850103.shtml

访问时间：2017 年 8 月 21 日

（二）以事业单位角色出现的研究会和协会

随着我国的体育体制改革，在政府政策的支持下，我国涌现了一批带有官方背景的非营利体育组织，以各种研究会和协会为主。如体育科学学会、老年体育协会、大学生体育协会等组织的建立，丰富了我国非营利体育组织的形态。特别是从 20 世纪 90 年代开始，挂靠在体育总局单项运动管理中心的各单项运动协会，以促进群众体育发展和青少年培养为主要工作内容，在一定程度上对项目的推广产生了积极作用。北京奥运会后，各协会开启了新一轮大刀阔斧的改革，使之归于社会，目前这个改革正在推进中。

---

① 《基金会管理条例》：自 2004 年 6 月 1 日起实施。

案例②：

姚明当选为新一届篮协主席

2017年元旦刚过，中国篮球协会发布信息，拟定在3月中下旬召开中国篮协全国代表大会，将完成换届选举，组建新的中国篮协领导班子。这次的媒体通气会为期待已久的中国篮球协会实体化改革正式拉开序幕。用媒体的语言讲，本次篮协代表大会"改革力度超乎想象"。

篮协改革在民间的呼声已久。这主要是因为在2007年上一次换届选举后，10年来，中国篮球经历了北京奥运会的辉煌时刻，国内CBA赛事日益成熟，各级篮球竞赛如火如荼，民间篮球组织发展迅猛，国际国内篮球形势倒逼篮协必须进行改革，政社分离，增强中国篮协的社会属性。在这种背景下，原有的依靠行政手段来推广篮球运动、扩大群众基础的模式遭遇瓶颈，没有社会力量和市场行为的参与，中国篮球很难在后备基础方面有所作为，提高篮球项目的水平也就无从谈起。改革图新，大势所趋。

本次换届选举大会将彻底清除我国篮球运动发展的阻碍，将篮协从体育总局下属的篮球运动管理中心剥离出来。

在2016年10月，中篮联体育有限公司（CBA公司）成立，姚明作为主要的发起人担任副董事长，中国篮协的改革脚步开始提速。隔年，篮协全国代表大会召开，篮协作为中国体育管理体制和运行机制下的改革先锋，重新确立了社会法人的社会定位，完成了行政附属体制向实体化机构改革。

在本届篮协全国代表大会上，姚明全票当选为新一届篮协主席。

注：根据网上资料整理。

（三）经民政部门注册的体育社会团体

根据我国关于社会团体管理的相关规定，成立社团组织需要经过民政部门的审批。根据体育界普遍认可的分类方法，全国性体育社团可以分为综合性体育社团、单项体育协会、行业体协3类。从数量上看，人们对单项体育协会的研究比较多，而对综合性体育社团和行业体育协会的研究比较少。

1. 综合性体育社团

中华全国体育总会是全国最大的体育团体，其前身是中华全国体育协会，于1952年在北京成立。国际奥委会在1954年承认并认可了中华全国体育总会。中华全国体育总会之下还设有中国篮球协会、中国足球协会和中国排球协会等官方协会。

中国体育科学学会是当前国内影响力较大的全国性体育社团之一。它是由一批对体育科学技术热心的有关单位和科技工作者们共同自愿组成的,并且经过合法程序登记的非营利性的、全国性的学术性群众团体。

中国奥林匹克委员会是我国群众最为熟悉的一个重要的体育组织,也是中国体育参与国际合作的重要途径。根据中国奥委会章程第二条可知:中国奥委会是以发展体育和推动奥林匹克运动为任务的全国群众性、非营利体育组织,代表中国参与国际奥林匹克事务。[①]

2. 行业体育协会

专门负责领导职工进行体育活动的专门性群众体育组织就是行业体育协会,它是体育社会化的一个重要方面。各行业体育协会是各行业体育工作的主要负责与管理部门,属于中华全国体育总会的一部分。我国的行业体育协会基本上都属于各行各业的直属事业单位,是我国职工体育发展的载体,发挥着桥梁、纽带作用。其中,最具代表性的行业协会是著名的火车头体协。火车头体协成立于1952年,是我国成立最早的行业体育协会,也是原铁道部总工会的直接下属单位。因为附属于具有绝对垄断地位的原铁道部,火车头体协有着得天独厚的条件来发展壮大。依靠着体制优势,火车头体协创造了一个时期的辉煌成就。

在"文化大革命"结束后,成立于20世纪50年代的煤矿、银行、邮电、林业等行业体协先后复建,并新成立了交通、航空、石油等多家行业体协,行业体协呈现快速发展的势头,为我国体育人才培养、体育文化建设做出了突出的贡献。随着民政部门管理的规范化,行业体协更多的承担起了行业竞技体育与群众体育发展的重任。据统计,我国的行业体育协会目前已达27个,在推动职工体育工作方面发挥着不可替代的重要作用。

图5-5 火车头体协徽标   图5-6 中国航空体协徽标

---

① 中国奥林匹克委员会章程:http://www.olympic.cn/intro/2004/0329/27082.html.

3. 单项体育协会

体育协会是指按照自愿原则建立起来的群众性业余体育组织，它包括各级体育总会、体育科学社会团体、中国奥林匹克委员会以及全国性的单项体育协会，对全国单项体育协会的地位做出了明确的划分，那就是在全国范围内全国单项体育协会对单项运动具有排他性的管理地位。我国的单项体育协会有足球协会、排球协会、网球协会、篮球协会、乒乓球协会和手球协会等。体育协会，尤其是全国性的单项体育协会一般侧重于组织竞技体育活动和一些职业性体育活动。在我国的各种体育总会协会之中，运动项目协会与体育总会在比例分布上具有很大差别，前者占比最大，后者占比较小；体育协会具有多样性的注册方式、多样化的收入来源，其在登记注册方面的比例也不均衡，其中民营注册占73%，国有注册占23%。

（四）草根型非营利体育组织

1. 草根体育组织的界定

草根组织指由民间人士自发成立并自主开展活动的"自下而上"的民间组织，区别于由政府发起或有政府背景的非营利组织，属于"非营利组织"的一部分。① 在群众体育开展中，有相当多的以健身和共同的兴趣凝结在一起的小团体，在一个或几个热心骨干的组织下，固定时间、固定地点进行某种形式的健身活动。这种如同小草一样的群众体育组织存在于城市社区和乡镇农村，通常被称为草根体育组织。这种草根体育组织是在健身需求下由民众自下而上发起的，不受体育行政部门的管理和约束，也不被法律法规正式认可，但是，其普遍存在的现状以及其事实上所具备的民间非营利组织的核心特征（非营利性、自发性、非政府性）已经被政府默认和社会接受。

2. 草根体育组织发展的背景

草根体育组织在我国的迅速发展受多种因素影响，首先是经济发展和人民生活富足，城乡居民的健康观念有了很大改善；其次是国家对于全民健身的投入大幅度提升，创造了良好的群众体育活动条件，激发了民众体育锻炼的内在需求；第三是舆论导向营造了热烈的全民健身氛围，使人们

---

① 周玲. 中国草根非政府组织的合法性危机与治理困境及应对策略探析［J］. 重庆大学学报（社会科学版），2009，15(2)：98-101.

把体育锻炼当作一种生活常态；第四是社会心理的促进，在快节奏的工作之余，人们更乐于在轻松舒缓的环境下，寻找团队的归属感和更为宽松的交流空间；第五则是在逐渐被国人认识和接受的公民社会理念促使下参与社会治理的诉求日益凸显。

3. 草根体育组织的划分

由于组织方式的差异性，我们可以将自发性群众体育组织分为人缘组织、地缘组织、网络组织、业缘组织、趣缘组织五种类型，这五种组织类型之间的界限划分并不是非常清晰、明确的，其中任何一个自发性群众体育组织都可以同时归属于一种以上的组织类型。

人缘组织：这种组织类型是在家庭、同学、朋友、亲属等人缘组织的基础上形成的自发性群众体育组织，其在组织结构与成员构成上都是比较稳定的。与其他四种类型的自发性群众体育组织相比，人缘组织的持续时间更久，生命力更强，通常会长达一生。高校内形成的自发性群众体育组织也属于人缘组织类型。

地缘组织：这种组织类型的形成基础是自发人群拥有共同的生活区域，是五种组织模式中最常见的一种组织模式。其优点是可以将生活区域内的体育活动设施、场地、场馆等充分地利用起来，体育活动的组织更加方便快捷。

网络组织：这种组织类型的形成主要是利用了网络媒体的便捷、高效的特点。众所周知，人们借助网络可以查阅、接收海量的信息资源，资源的传播速度及传播范围让人惊叹，同时网络让人们之间的沟通交流不受时间、地域的限制，所以网络组织成了一种新型的组织方式。

业缘组织：这种组织类型的形成主要是基于自发人群工作单位的一致性。单位同事之间开展的自发性群众体育活动是单位体育活动的重要组成部分，不仅可以有效提升单位成员的身体素质水平，还能促进单位劳动生产效率的提升。

趣缘组织：这种组织类型主要是基于群众之间共同的兴趣和爱好而形成的，人们组织结群是为了实现精神生活需要，这也是组织形式的高级发展阶段，有利于现代社会的整合。这种类型的组织是社会发展的产物，同时也是人们对精神生活不断追求的结果，不受年龄的影响，各个年龄段的成员都可以参加。因人们的兴趣爱好而形成的趣缘组织是一个相对稳定的组织团体，会定期开展体育锻炼活动。

第五章 非营利体育组织产生与发展

案例：

吉特巴舞蹈队

吉特巴是美国水兵舞的名字，步伐灵活多变，运动强度中等偏上，适合身体条件较好的人，有利于锻炼身体的协调性。

在课题研究的补充调研中发现一个新的小团队，这个小团队选择了石家庄市长安公园临湖长廊北侧的一片空地开展会员招募和锻炼活动。在对方舞蹈活动结束后，调研了该团队的组织者——一位姓康的老年人。

王：看您步伐轻盈，舞姿优美，身体真不错，您今年多大年纪？

康：今年74了，已经退休十几年了。

王：（非常吃惊）74？看身段和动作，真是不像七十多岁的人。

康：很多人都猜不准我的实际年龄，你也被我的舞蹈给唬住（蒙蔽）了吧？哈哈哈哈（爽朗的笑声）……

王：没错，您跳的这个舞蹈运动强度比较大，我真不能准确猜出年龄来。您这个社团成立多久了？我经常来这里，以前没有注意到您这个舞蹈社团。

康：我这个社团刚成立一个多月，现在有20多名会员，免费教跳水兵舞，我这个社团也起了个名字，叫"吉特巴"舞蹈队。

王：会员都是什么样的人呢？

康：没有限制，年龄、性别都没关系，只要喜欢，都可以来学，学会了一起活动，多好的事呀。

王：是呀，在一起活动肯定比一个人锻炼要有氛围。

康：是的。

王：您退休前做什么工作？怎么想起组建这个小社团一块锻炼呢？

康：在单位工会，专门组织职工活动，有这方面的工作经验，我本人也非常喜欢跳舞，我们几个骨干都在网上学习，后来在公园里这么一个小角落开始自己跳。再后来看人家（一指甬路东侧存在许多年的舞蹈团）的氛围更好，正好也有几个观众看到我们这个舞蹈跟那边的不太一样，愿意一起学习和锻炼，所以组建了这个舞蹈队。其实大家只想更好地选择一个适合自己的锻炼方式，开开心心的，保持健康的心态和身体，这也是我们凑在一起的主要目的。

王：这一段曲子多长时间？招募会员对身体是不是也有要求？

康：4分多钟一段，强度不小，你看我这一身汗。招募会员没有特殊要求，刚开始可以在外围跟着做一些小幅度的动作，对一些有跳动的动作可以简单比划一下，等到熟练了和体力增加了再做一些比较复杂的动作，循序渐进嘛！

正在交谈中，一位一直在旁边观看的老年人加入进来，经询问，老人姓李。

李：我们在这看你们跳舞好长时间了，真灵活。你多大岁数？

康：我74了。

李：（不可思议状）74？比我还大2岁。（回身一指身后长廊处坐着的另外4位老人）我们这一堆老头，只有一个比你大，别的都比你小。我们这身体比你差多了。

康：你们这是长时间缺少体力活动，不能总是这样，得动起来，别光看，在边上先跟着动一动，慢慢来，总比看着别人活蹦乱跳的眼气（羡慕）好吧？

李：对对对……

以上为2017年9月25日实地考察和访谈中的内容，根据访谈录音整理。

图 5-7 吉特巴舞蹈队（图片为现场拍照，征得个人同意后使用）

第三节 非营利体育组织研究现状

一、政府职能转变背景下我国非营利体育组织研究梳理

政府职能转变是当前我国深化体制改革中的核心内容，党的十八大以来，政府职能转变进入快车道，简政放权成为网络热词。在体育体制改革中，群众体育组织建设问题是改革的重要内容。在我国全面建设小康社会的进程中，除公共体育服务和市场产品供给之外，第三方非营利组织（NPO：

Non-profit Organization）正在凸显重要性，已成为当前社会运行不可或缺的重要力量，在这一社会背景下，非营利体育组织的研究也备受关注。

国内在非营利体育组织方面的研究始于 2003 年，随着社会治理和公民社会建设步伐的推进，在非营利体育组织方面的研究成果越来越多，这些成果主要集中在以下四个方面。

第一，对"非营利体育组织"的概念剖析与社会功能解读。如马志和、张林（2003），魏来、石春健（2005）分别撰文对非营利体育组织的概念和功能进行分析；黄旭、程林林（2011）、谢宏伟、黄亚玲等（2011）认为，政府职能转变进程中的大众体育除发挥政府功能外，还需要激发各种社会组织的活力，非营利体育组织弥补了社会运行中政府、企业服务范围和能力的空缺；张欣（2012）解读了非营利体育组织的社会功能以及法律环境，还有资金供给、志愿群体制约等方面存在的问题，并提出建设性意见。

第二，非营利体育组织发展现状的研究。如孙国友（2007）、王家君（2008），杜志娟、苗大培（2011）等学者从公民社会理论角度分析了我国非营利体育组织的发展现状，提出了公民社会理论下促进非营利体育组织的发展构想；彭英等学者（2012）在分析我国非营利体育组织内涵的基础上，从外部环境、非营利体育组织的特殊性质、经费保障、监管与评估等方面探讨了非营利体育组织的发展困境。

第三，非营利体育组织的运行机制研究。如张永韬（2012）从市场导向的角度探讨了非营利体育组织在当前如何寻求体制突破和资源支持的战略反应和选择问题；李安娜（2013）对公办和民办两种类型的非营利体育组织的发展进行研究，探讨了在"政府失灵"和"市场失灵"下如何健康发展的问题；王晓芳、庞建戎（2014）指出，我国非营利体育组织的市场运行机制是当前我国社会现实的客观需求，符合体育体制改革的方向。

第四，非营利体育组织参与公共体育服务的研究。如刘玉（2010），冯欣欣、曹继红（2012），林子（2012）等学者分别撰文研究了非营利体育组织在我国公共体育服务中的地位，分析了政府与非营利体育组织相互依赖的现状以及体育公共服务当前面临的困境，从政策、体制和实践三个方面提出非营利体育组织参与体育公共服务的路径。

对于国外的研究成果，我们可以从国内学者的相关译著中了解，如王志成（2013）对英国的非营利体育组织体系进行研究，解析英国社会中以志愿服务为主的非营利体育组织体系的构成与运行机制。另外，我们可以从国外相关网站上查询相关的信息，如美国志愿者协会等。

当前国内学者对非营利体育组织的研究正处于快速发展阶段，遵循着从实践到认知，再到理论的发展规律，随着时间的推移，相关研究也沿着概念和功能解读—运作机制分析—融入社会资本的探析方向发展。目前的相关研究主要存在以下不足：系统性和实证性研究较少；研究范围和广度有待拓展；微观层面如内部治理和绩效评估等方面的探索有待深入等。

二、对我国非营利体育组织理论问题的新认识

（一）我国非营利体育组织的界定

在世界范围内，人们对非营利体育组织的研究是非常多的，但是目前还没有对其界定形成一个统一的认识。我国在非营利组织方面的研究起步较晚，目前对于其概念以及分类都还没有一个统一的认识，但是我国所有研究非营利组织的学者都把具备公益性质的事业单位并入研究范围，这一点是值得关注的。我国在计划经济时期，体育社团都由相关行政机构设立，真正意义上的非营利性的社会体育组织是不存在的。体育社团虽然在20世纪80年代后期经历了多次改革，但并没有独立，而是被相关的职能部门掌控，体育社团虽有设立，但根本不能发挥其应有的作用。事实是，我国的体育社团、体育基金会在现阶段都还是以事业单位的形式存在于各级相关职能部门的，尽管体育社团或者各种体育基金会看起来更像群众体育非营利组织，但从本质上来说，和其他公益性的体育事业单位一样。所以，我国体育非营利组织可以分为体制内和体制外两个大方面，体制内的体育非营利组织有：体育基金会、公益性的体育事业单位、政府设立的体育社团；体制外的体育非营利组织主要包括：民办体育社团、体育类民办非企业单位。不管是体制内的非营利体育组织，还是体制外的非营利体育组织，都是以向社会提供公共体育服务为主要目的的，在这一点上，二者并不冲突，没有高低之分，且应该相互促进，这是对非营利体育组织的基本要求。我们暂且将非营利体育组织定义为：以向社会提供公共体育服务为目的，区别于企业和政府部门的具有公益性的社会体育组织和团体。

（二）我国体育非营利组织的"政府职能失效"和"市场调节失效"

1. 我国非营利体育组织的"政府职能失效"

政府职能在群众体育事业服务中失效主要体现在两个方面：首先是因为信息传递不对称，使政府职能部门不能满足不同的群众体育的需求，导

致政府职能失效;其次是以事业单位形态依附于政府行政机构的公办非营利体育组织,因不能将政务与普通事务之间的关系划分清楚而造成相关职能部门在对非营利体育组织实施监管的过程中的职能失效。第一种"政府职能失效"主要是需要在相关职能部门为群众体育服务提供的"公平角度"与由社会资本市场为群众体育服务提供的"效率角度"展开相应的抉择,到底应该更侧重于哪一边,主要取决于非营利体育组织的管理以及我国的政治经济体制。而第二种"政府监管失灵"是很容易被我们忽视的。我国的公办非营利体育组织与相关职能部门具有密切的关系,可以说是处于一致的利益链条及生存链条之上的,市场经济在运行方式上很难影响和改变计划经济运行模式。非营利体育组织与相关职能部门的密切联系必然导致政府监管效率的丧失。

2. 我国非营利体育组织的"市场调节失效"

西方市场经济因自身逻辑缺陷而造成的"市场调节失效"与我国因在公共体育服务方面严重缺乏造成的"市场调节失效"是不同的,我国"市场失效"的成分更大一些。这些体育非营利组织在计划经济时代创造并产生了公共体育服务,它归属于事业单位,依据体育行政部门的意志来行事。体制内的体育非营利组织在进入市场经济之后拥有了更多的市场"权力",对于其成为体育产业化的市场主体具有很大的促进作用,然而其还是属于政府的附属机构,面对社会根基缺乏的情况,还无法为人民大众提供完整的公共体育服务。在开展公共体育服务的过程中,民办体育非营利组织作为非营利性民间实体组织,其形成与发展都迎合了人民大众不断提高的多元化的体育需求,是初级阶段公民社会发展的必然,现阶段对政府的认同、自身的认同都不全面,存在很大的局限性。我国体育非营利组织存在的市场问题主要是"不完全市场失效",强大的公办体育非营利组织和弱小的民办体育非营利组织之间无法实现公平竞争,政府通过对公办体育非营利组织的管控成了公共体育服务过程中的市场主体,这就导致了公共体育服务出现"市场失效"的现象。

三、我国非营利体育组织发展路径的选择

(一)我国公办体育非营利组织发展路径的选择

我国的公办体育非营利组织实际上就是体制内的体育非营利组织,它不但要接受行政部门的领导,还要提供公共体育服务,这种组织和西方非

营利组织在组织宗旨上具有相似性，但在运行模式上却与我国传统的事业单位具有一致性，所以其发展路径与事业单位的改革有直接关系。中共中央、国务院于2011年3月23日出台了《关于分类推进事业单位改革的指导意见》，为我国公办体育中的非营利组织的改革带来了契机。我们应清醒地认识到，目前公办体育非营利组织还不是真正的非营利组织，首先其在组织形态上具有复杂性，职能上具有多样性；公办体育非营利组织要剥离其原有的行政职能及经营职能，而只保留其单纯的公益职能。其次，对于公办体育的非营利组织来说，其产权归国有，而国有企业在改革过程中所运用的分离产权与经营权的形式运用到非营利组织中是否合适？对于政府来说，是否可以将公办非营利组织的产权舍弃？因此，改革公办体育非营利组织，首先要对其公益性质进行明确，同时改变组织治理所运用的机制，把事业单位的法人治理机制切实落到实处，将非政府性的财政收入比例进行有效增加，强化政府与社会的共同制约和监督效力，帮助其切实回归社会，实现其转变为民办体育非营利组织的目标。

（二）我国民办体育非营利组织在发展路径上的选择

我国的民办体育非营利组织是在单位体育慢慢解体的过程中形成的，人民大众对于体育活动的迫切需求是我国公共体育服务社会化的基础。民办体育非营利组织出现在我国公民社会中，是公民社会发展的必然产物，它具有非营利性、非政府性、志愿公益性的特点，这与西方的非营利组织的特征基本一致，在实现公共体育服务的过程中处于基础地位。然而，我国目前的公民社会仍处于初级阶段，缺乏健全的非营利组织，民办体育非营利组织与其他领域内的民办非营利组织相比较，在规模以及发展速度上都比较落后，所以我们要加快民办体育非营利组织的发展速度。首先在行政审批方面以及财政资助或政策扶持方面，民办体育非营利组织都处于被动状态，与公办体育非营利组织在竞争的过程中并没有处于同一平台；其次，法律监管和制度设置不到位，一些民办体育非营利组织缺乏边界性，甚至存在登记的是民办非企业，在实际运作中却以营利为目的的现象。所以，对于民办体育非营利组织，既要在法律层面上对其表示认可，还要在政策上对其进行有效的引导，并给予资金支持，同时还要不断加大清理力度，将其社会公益职能不断强化。

第六章
政府职能转变中我国非营利体育组织的建设与发展

第一节 政府职能转变中我国非营利体育组织的运行

一、现阶段我国非营利体育组织的二元组织结构

现代组织的二元结构是伴随着社会转型而显现的,所谓二元组织结构,是指在组织结构中的传统因素与现代因素共同存在。[①]

我国体育事业的发展经历了计划经济体制下的国家包办后,随着我国改革开放的深入,群众体育活动开展的主体呈现出多元化。虽然政府组织在大众体育活动中依然起着主导作用,但是民间体育组织在群众体育活动的开展中扮演着越来越重要的角色。非营利组织的发展同样经过了政府包办到依托政府与民间自发共存的二元结构演变。我国现阶段的非营利体育组织既包括按照现代组织架构与满足发展需求的完整组织体系,如依托政府设立的老年体协、中华全国体育基金会等半官方的结构(表层结构),又包含由群众自发组织起来、共同遵守一套行为规范的非正式组织结构(潜层结构)。目前,我国非营利体育组织主要有政府下设非营利体育组织和群众自发组织起来经注册获得合法身份的群众体育社团组织,或未经正式注册尚属游走在灰色地带的草根体育组织,不同的构成形式有着不同的组织架构。

(一)政府下设非营利体育组织

政府在公共体育服务中发挥着重要的作用。公共体育服务与私人体育

---

① 刘祖云.社会转型与二元组织结构——中国特色的二元结构研究之三[J].中南民族大学学报,2005(25)3:93-98.

物品不一样，不可能全部由市场的个人决策来解决。我国政府在体育领域范围内的主要职能是：为其提供政策与法律方面的服务，保障公共体育设施在建设过程中的投入，使人民大众都享有体育锻炼的权利，对现有的体育体制不断地进行深化改革，对体育产业的发展给予大力扶植。

在社会体育治理中，政府没有更多的精力来进行事无巨细的群众体育管理服务，一般会通过依托政府建立的非营利体育组织来传达精神、传递信息、传导动力。政府下设的各种非营利组织一般结构比较严谨，管理制度完善，组织成员相对稳定，管理集体一般由政府委派或依照组织章程选举产生并构成决策机构。非营利体育组织所挂靠的主管部门决定了这个组织的基本目的、发展规划、行动内容、远期愿景等，并接受所属主管部门的领导、指导、监督、检查等。

（二）自发性群众体育组织

1. 自发性群众体育组织概念的界定

群众体育的概念有很多，我们在进行了归纳分析之后，发现主要包括下面一些内容：街道居民、职工、农民等全社会成员是群众体育的参与群体，他们是自发自愿参加的，不存在强制性；开展群体体育的目的是为了丰富闲暇生活、增强体质、调节社会情感等；活动内容广泛，活动形式具有多样性；锻炼身体、休闲娱乐、增强体质、丰富文化生活、培养意志品质等是群众体育的主要特征，此外，在开展群众体育活动的过程中，要有科学的健身理论来进行运动指导，要有社会体育指导员来指导具体的体育活动的实施与开展。

我们在对群众体育的概念进行了解的基础上，再来对自发性群众体育组织的概念进行分析研究。首先我们来对自发性群众体育组织在组织归属上进行划分。学者孟凡强指出，如果将体育组织分为正式组织与非正式组织两类的话，那么在整个社会组织体系中，自发性群众体育组织的性质是属于非正式体育组织的，它与俱乐部、体育社团是不同的，俱乐部、体育社团是一种正式的组织，具有系统性组织结构的特点，而自发性群众体育组织是一种非正式组织，其具有组织结构灵活多样的特点。但是自发性群众体育组织在发展过程中，规模不断扩大，组织制度不断健全，很有可能会发展成正式的体育组织。所以，对自发性群众体育组织进行研究的切入点不应该是研究其属于正式组织还是非正式组织，而应当确定自发性群众体育组织的形成是否来自于其成员的共同意向，虽然自发性群众体育组织现阶段属于非正式组织，但不能说明其以后不会成为正式组织。

我国的许多学者站在不同的角度对自发性群众体育组织进行了概念上的分析与研究。总之，我们认为，自发性群众体育组织是在一群体育爱好基本相同的体育人口聚集起来的基础上形成的，他们自觉自愿地借助娱乐、健身、交际以及休闲活动等方式，将处于离散状态的体育人口进行集合，构建了一种有序的体育组织并定期开展体育活动，有效解决了人们进行体育锻炼活动的需求，缓解了大众体育需求的不断提高与政府、市场相对供给不足之间的矛盾。

2. 正式基层群众体育组织与非正式基层群众体育组织的关系

如果说基层的群众体育组织可以划分为两大类，即正式组织与非正式组织，那么自发性的群众体育组织就属于非正式组织。黄亚玲教授强调，要将社会上自发组织形成的"小团体"列入已注册社团之下的二级组织中，以城市街道、乡、镇为依托的社区体育协会既有"自上而下"由政府组织而成的具有"官办"特征的基层社团，又有由社会大众自主自愿而组织形成的"小团体"。"小团体"是不具备法人资格的，他们只是属于"自然人组织"，一些已经注册的社团将"小团体"划入社区体育的"二级组织"。"小团体"活动松散，将体育兴趣爱好当作活动的主要内容，在社区中，这样的组织极为普遍，人民群众也有很高的参与性。我们要对这些松散的"小团体"组织加大引导力度，将其组织化与规范化程度进一步提升，通过努力有计划、有步骤地将它们慢慢转移到社区已经注册社团的"二级组织"之中。所以说，自发性群众体育组织的发展过程是一个从不规范到规范、从非正式到正式化的变化过程，对于处于公民社会中的社会成员来说，这也是其不断争取自身参与有组织体育运动的权利的需求。

与正式的群众体育组织相比，非正式的群众体育群体具有很强的自主性与灵活性，虽然他们获得的社会资源以及监督和管理方面的帮助较少，但是它与人民群众所需要的日常健身需求是相符的。所以说，寻找一个可以让非正式群众体育组织与正式群众体育组织两者共同协调发展的方法是非常有必要的，也就是说，要在保护非正式群体的自身优势的同时，加强其与正式组织以及政府之间的良性有效沟通。

二、我国非营利体育组织的经费来源

(一)政府机构经费投入

2008年的《第二次全国经济普查报告》显示,目前我国体育公共支出的比重偏小,只占全国财政支出的0.54%左右,而发达国家比例一般都在2%以上,而且,体育部门的财政经费更多的是投向竞技体育,对大众体育的投入非常少。

我国2012年修订的《彩票公益金管理办法》第二条规定,彩票公益金是按照规定比例从彩票发行销售收入中提取的,专门用于社会福利、体育等社会公益事业。

从1994年开始,我国国家体育总局在全国范围内开展体育彩票发行工作,财政部公布2014年全国体育彩票销量达3823.78亿元,为体育设施的建设提供了有利的资金保障。国家规定,中国体育彩票发行提取公益金的60%,都要用于群众体育事业的发展。

1994—1995年,我国所筹的体育彩票公益金主要用于大型赛事举办,1995年以后,用途扩大到为我国的《全民健身计划》以及《奥运争光计划》的实施提供保障。研究发现,大多数的国家从体育彩票的收入中提取的公益金的比例为27.0%~44.2%,我国规定的比例是不低于35%,它并不是一个固定的数值,因为我国彩票的返奖奖金与用于公益的资金比例处于不断变动的一种状态,经过实践我们发现,这种变动的状态有利于使分配比例关系更加科学合理,同时也与彩票市场的实际需要相符。

我国学者贾明学、王锡群指出,现阶段在国际范围内,体育彩票公益金的使用方法被分为三大类:一是集中筹资,统归财政;二是集中筹资,分项支出;三是集中筹资,混合使用。与我国体育彩票公益金的使用现状相符的是第三种使用模式。

从国家体育总局统计数据来看,截至2013年年底,全国用于全民健身的经费共计197.59亿元人民币,其中用于场地建设的经费为147.24亿元,用于组织建设的经费为8.38亿元,用于开展活动的经费为33.27亿元。在这些经费中,财政拨款105.72亿元,同比增长192.04%,彩票公益金64.49亿元,同比增长19.65%。其中地方财政用于全面健身的经费为170.21亿元,同比增长88.9%。

国家发展改革委、国家体育总局于2012年共同编制了《"十二五"

公共体育设施建设规划》（以下简称《规划》），并就有关事项提出，中央专项支持各省（区、市）的项目数量在《规划》实施中进一步核定；国家发展改革委和国家体育总局将根据各地经济发展水平、人口规模、公共体育设施状况和群众性体育活动开展情况，以及有关政策因素等的综合平衡，分省匡算，分年来确定各省中央投资额度和支持项目数量。并要求各地按照《中央预算内投资补助和贴息项目管理暂行办法》（国家发改委第31号令）以及建设项目管理程序要求，加强对《规划》实施的监督检查，适时开展评估工作。

（二）社会团体经费投入

在计划经济时期，国家掌控社会资源，多种体育组织机构往往依附于政府机关，或作为政府对社会的延伸管理机构。改革开放后，体育社会团体的管理模式存在惯性因素，因此，由国家直接管理的体育社团更容易取得国家的体育资源，也更容易得到大众和赞助商的青睐；而另一些与大众体育关系密切的社团，虽然希望依靠举办赛事和活动取得一定的经济利益，但所得通常有限，一般缺乏资金和必要的政策支持。

从总体上看，目前我国许多群众性体育社团存在不同程度的资金不足、制约发展的问题。特别是地方性的群众体育社团经费紧张现象普遍存在。一般情况下，许多地方性的群众体育社团资金来源主要是地方政府的财政支持、各种形式的商业赞助、会员单位缴纳的会费、组织提供社会服务所获取的创收，相比西方而言，我国社会性的募捐和个人赞助相对很少。

以河北省大学生体育协会（简称"大体协"）为例，因为由河北省教育厅直接主管，因此财政性教育经费的划拨是大体协的主要资金来源。资金支持主要用于大体协的正常运转，大学生体育工作的推广、促进、监督、管理，以及对河北省大学生运动会的支持。各会员单位每年需要缴纳一定的会费，用于弥补财政性拨款的不足。在举办大学生运动会之类的大型活动需要更大投入时，则通过商业运作的模式来获取企业赞助，而社会捐助和个人赞助基本没有。

目前，民众对体育赛事的印象还停留在以前的政府包办概念上，很多人认为大型的体育赛事应该由政府出资承办，或者通过商业运作的方式来争取赞助商的支持，个人对这些活动的支持只表现在行动上，如果需要捐助资金，响应者寥寥。但是，在群众身边的各种自发组织的群众体育社团活动中，广大的参与者却表现慷慨，在购买服装、音响，缴纳场地费用、外出比赛费用等方面非常积极。

目前体育社团的经费来源呈现多元化，除了前面的政府拨款、企业赞助、个人集资等形式外，还有一种方式不可忽视，即群众体育社团通过经营活动获取发展资金，这种方式目前呈上升趋势。如某一体育社团组织利用自身的专业优势和人员优势，参与社会服务活动，收取一定的服务费用来维持社团的运转（组织规定中严禁个人谋利）。

许多学者的研究也表明，体育协会的经费主要以会员会费和政府拨款为主，经费短缺在很大程度上制约了我国体育协会的发展。事实上，较长一段时期以来，我国体育社团在资金方面存在的问题主要是过度依赖政府，体育社团作为一个独立的非营利组织的体系，在我国的发展还处于初级阶段。在全民健身不断深入发展的过程中，群众性体育社团自身需要改变思路和服务方式，逐步转型以争取更多的社会资金。

《社会团体登记管理条例》对地方体育社团的成立条件做出了明确的规定，这些具体的规定对于群众性自发的体育组织来说难度不小，例如，3万元以上的注册资金、固定的办公地点以及办公人员等方面。因此，在实际运作中，有些群众性自发的体育组织并没有进行合法的注册，但体育活动的组织与开展都照常进行，这样对主管部门的监管和扶持是非常不利的；还有一些群众性自发的体育组织注册时的注册金是借来的，注册完成后再将资金转出，所以这样的组织是不具有支持体育活动正常开展所必需的资金的。

我国的老年人体育协会虽然在制度上规定会员要缴纳一定数额的会费，但是老年人体育协会还是以参加比赛为其主要活动内容，并没有顾及所有的会员，所以，会员基本上都没有缴纳会费，因此，会费的主要来源还是政府的财政拨款以及社会赞助。

（三）体育俱乐部经费投入

1. 社区体育俱乐部的经费投入状况

我国的社区体育俱乐部开始是在政府扶持与倡导下创建的，扶持资金主要是国家、省、市体育行政部门所获得的体育彩票公益金，同时还有俱乐部的上级单位给予社区体育健身俱乐部的创办启动扶持资金，这四级在支持经费投入上的比例为2：2：1：1。

朱晓东等人研究发现，在一些发达国家，收缴会员费的社区体育俱乐部比例很高（如日本为93%），而我国城区的社区体育俱乐部收费的约为54.29%，相比之下就显得低了很多。

2. 学校体育俱乐部经费投入

高校体育俱乐部的经费主要来自于学校体育经费、学生入会会费、企业以广告形式的少量赞助、场地器材使用费等。体育教学俱乐部鼓励学生自行购买一些体育器材，以节省部分俱乐部的经费。高校学生的体育社团是一个比较特殊的组织形态，它依附于高校学生管理部门，如团委、学生处，受上述机构的直接管理，在学生群体中有着很高的关注度，一般以传统的竞技类项目（如足球、篮球等）、新颖的健身项目（如跆拳道、户外运动、小轮车、滑板等），或观赏类体育社团（如球迷协会等）的形式出现，是社会中的社团组织在高校中的延伸。大学生们有着独立的思想、张扬的个性、较为独立的行动，因此在很多时候能够自己主张进行体育消费。而学校体育俱乐部的投入也契合了大学生的上述特点，除了学校的支持外，高校俱乐部的经费主要来源于大学生的会员费缴纳。

三、现阶段我国非营利体育组织的主要活动内容

（一）体育基金会的主要活动内容

体育基金会是我国非营利体育组织的一个重要构成，通过募集社会资金来定向发展某一支持活动，在推动体育事业健康发展中有着重要作用。

近年来，体育基金会在群众体育活动开展方面提供了非常大的支持，无论是中华全国体育基金会，还是各省市体育基金会，或者非公募的李宁基金会、陈伯滔基金会，都设计了定向支持的项目。

以中华全国体育基金会为例，其资金主要用于运动员保障、公益项目、专项基金、群众体育公益活动、青少年体育推广等方面。在运动员保障方面提供运动员保障专项资金、伤残互助保险、关怀基金、医疗照顾、创业扶持等，确保为国家奉献青春的运动员在退役或伤病后有基本保障。在公益项目方面设置了西部地区青少年体育助训、革命老区体校助训资助、援疆援藏、体育拥军、危困救助、少数民族网球选手培养等项目，助力不同区域的少数民族、特殊情况下的体育工作开展。基金会还设置了专项基金，主要是针对运动项目，如设置了北京马拉松公益基金、健身气功发展基

金、登山运动发展基金、乒乓球发展基金、篮球发展基金、广场舞发展基金等。在面向大众体育开展中与社会机构或企业携手推动体育事业的发展，设置了多种的临时性或常态化的支持项目，如与著名健身设备供应商舒华（中国）有限公司联合举办"舒华公益健康跑"活动，与大众汽车和中国足协共同发起了"大众汽车青少年足球训练营"。在志愿者组织建设方面，2013年联合西安体育学院和武汉体育学院开展了"中华全国体育基金会大学生暑期社会实践"活动，2014年加入成都体育学院并更名为"中华全国体育基金会'欢乐体育行'2014大学生志愿者行动"，打造了中华全国体育基金会旗下的志愿者团队，也促进了体育院校大学生在体育公益慈善活动中发挥作用。

在政府支持公募基金之外，近年来还涌现出一些民间的体育基金组织，其中2014年诞生于深圳的"微马基金会"发展迅速，成为民间公募基金的优秀代表。①

微马基金会最初是由一群喜爱跑步的人发起的，以较短距离（5公里左右）的慢跑为主要运动形式，通过网络约定的方式进行有组织的活动。微马基金会的宗旨是帮助各地居民开展健康的体育锻炼活动，指导各地的分支协会和跑步爱好者科学跑步。基金会最初的资金来源于41位发起人无偿捐赠的共计371万元的公益基金，用于设备和服装的购置等。目前微马会员有近200万人，受到很多以跑步为主要内容的社团的关注。

在群众体育社团活动中，一些社团有许多资金收支问题，这些社团并未以基金会的形式出现。例如，城市社区或农村中的广场舞社团，因为要购置服装和其他用品，需要会员们以AA制的形式来筹集资金，由社团的骨干成员掌握资金，并定期向会员公开收支情况。这种方式虽然比较常简单，但能够体现出社团成员对组织的信任和组织发展的信心。

案例：

北京马拉松公益基金项目介绍

作为极具创造力和竞争力的赛事品牌，北京马拉松在不断提升竞赛品质与商业价值的同时，还积极承担品牌应有的社会责任，将公益内涵融入赛事的长期发展愿景。2011年，北马推出"为公益而跑"项目，在国内率先尝试体育与公益结合的合作模式。6年间，组委会与国内外50多家

---

① 微马基金会网站：http://www.weima.org.cn/PC-shtml-foundation.htm

公益机构开展深度合作，致力打造中国最具公益色彩的体育赛事。2016年，借力"益呼百应"行动，北马还首度开创了所有参赛选手"人人公益"的新型公益互动方式，促使众多路跑爱好者在挑战自我的同时，以实际行动推动公益事业的发展。

2017年，北马组委会与中华全国体育基金会携手，成立"北京马拉松公益基金"，在体育公益领域进一步发力，打造赛事自主公益品牌。"北马公益基金"是由北京马拉松组委会倡导发起，在中华全国体育基金会架构下设立的专项慈善公益基金，募集资金由中华全国体育基金会和北京马拉松组委会共同管理使用。"北马公益基金"倡导"人人公益，共同参与"理念，在儿童关怀与发展、社会关爱救助、教育支持、体育文化等多个领域开展公益活动，带动更多热心公益的跑友、赛事和组织参与到公益中来。今年，公益基金将推出首个北马自主公益项目"北马小勇士——儿童安全防护培训"，未来还陆续有更多公益项目加入进来。

北马公益基金成立后，将联合社会力量，整合大众资源，发挥好基金的资助服务、利益表达和社会倡导作用，并将按照国家法律规定，建立以章程为核心的内部管理制度，合法、安全、有效地运行，科学合理地设计公益项目，保障基金资金全部用于公益慈善项目。

资料来源：中华全国体育基金会网站：http://tyjjh.sports.cn/zxjj/marathon/xw/2017/0809/214365.html。

访问时间：2017年8月31日。

（二）体育科学研究团体的主要活动内容

群众性体育活动是体育科学研究团体的重要研究方向。在改革开放初期，人们在群众性体育活动研究方面仍然延续改革开放前对具体体育锻炼项目的研究。例如，1980年，有学者介绍了跳绳运动中中长绳、短绳和绳操等的不同跳法，报告了肝炎体疗操的实验结果及其各节的动作要领、体育锻炼对中老年人身体影响的实验结果。其后，学者们相继介绍了工间操、有氧训练减肥法、中老年迟钝症预防操、冬泳、中老年健身操、儿童广播操、长江横渡、多功能锻炼器、藤球运动以及广播体操等体育健身项目，报告了儿童益智健身干预操对儿童身体影响的实验结果和老年迪斯科健身操（舞）比赛前后的心肺机能变化结果。可见，介绍具体体育锻炼项目和报告人体影响实验结果，是20世纪80年代群众性体育活动的研究特点，尚没有从整体上、理论上研究群众性体育活动这种体育现象。

进入 20 世纪 90 年代，群众体育活动研究在继续对具体体育锻炼项目及其锻炼效果进行研究的同时，学者们开始从整体上、理论上研究群众体育活动。1996 年以后，学者们相继探讨了具有悠久历史元素的西安"晨练"体育健身手段、具有经济发展活力的"珠三角"地区群众体育锻炼方式、大众健身运动项目开发以及现阶段我国大众体育活动的特点；探讨了健身娱乐活动的竞赛组织法、全民健身竞赛和奥运竞赛的本质区别，也分析了非奥运会项目发展现状。学者们对体育锻炼效果也展开了深入系统的研究，包括走跑类的"健步走""12 分钟快走""12 分钟跑"等对心肺功能、对血脂的影响的研究；包括健身操（舞）类的"健美操对中老年人体质""体育舞蹈对心理健康""网球运动对中老年人健康"等的影响研究。同时也对"迪斯科健身运动效果"和"不同年龄掷球参加者的运动动机"展开了研究。

进入 21 世纪以来，群众体育活动研究因北京奥运会的成功申报以及国民对健康的深刻认识而得以快速发展，成果丰硕。但其研究类型、研究内容与 20 世纪八九十年代相似，即一方面继续从整体上对群众体育活动理论展开研究，如对群众体育活动理念、群众体育活动创新、群众体育活动开发等的探讨。

（三）合法注册的体育协会组织主要活动内容

过去我国对民间结社的管理较为严格，在体育领域中，由政府主管的群众社团曾经占据主要阵地。随着社会管理的不断深化，一些群众性体育组织在政府的监管下通过注册的形式成立起来。因为接受政府的具体管理和监督，这些组织虽然获得了合法的社会团体身份，但是，因为监管主体的特殊性，这些组织体育协会组织的活动内容在灵活性上受到一些限制。

以老年体协为例，中国老年人体育协会是一个服务于广大老年群体的群众性体育社团，长期以来，在推广老年体育健身活动、促进老年健康服务方面做出了大量的工作，是一个典型的政府指导下的非营利体育组织，隶属于中华全国体育总会。特别是全面推进全民健身工作以来，我国的老年人群的体育活动开展得到了党和政府的高度关注，在老龄委的领导下，老年体协紧紧围绕我国老年体育政策开展工作。

目前，除西藏自治区正在筹建老年人体协外，30 个省、自治区、直辖市和大连、青岛、宁波、厦门、深圳 5 个计划单列市、新疆生产建设兵团以及铁路、林业、电子、石油等行业都建立了老年人体育协会。①

全国各地的分支机构每年都有常态化的各种适合老年人群活动的项目，全国范围内也有着各种形式的老年人体育竞赛。

作为以政府资源投入为依托的老年协会，必须服从大局需要，在民政部门、体育部门的健康促进工作方面作为对老年群体的延伸，老年协会做出了大量贡献。目前，中国老年人体育协会的主要活动内容涵盖了老年体育健身指导员的培训、老年体育健身大会的举办、各种适合老年人的运动项目推广、监督管理各地举办的老年体育比赛等工作，内容丰富，社会效益显著。

（四）草根体育组织的主要活动内容

草根组织是我国近些年来逐渐发展起来的最为基层的群众体育组织，它具有自愿性、互益性、非营利性、结构松散性等多种特点。这也决定了这种形式的体育组织具有灵活性和不稳固发展的特性。

我国目前大多数的草根体育组织是围绕某一种运动形式的爱好者们聚拢起来一起进行的健身活动，是组团进行的其他观赏性、参与性的活动。

草根体育组织的参与类活动表现形式极其丰富，参与内容也多姿多彩。在研究中，可以根据多种维度进行划分。

1. 依据参与者年龄阶段来划分

（1）少儿体育社团组织

针对少年儿童开展的体育活动非常丰富，相应的群众性社团建设也开展得如火如荼，非营利性的少儿体育社团组织近年来得到了充分发展。作为志愿服务的一部分，面向少儿开展体育志愿服务活动得到了社会的关注和高度赞誉。许多非营利少儿体育社团组织的构成成员主要是热心家长、青年志愿者、大学生志愿者，他们采用网络平台的联络和管理模式，在网络平台上发布活动信息、管理制度、注意事项等内容，利用节假日开展定向越野、徒步、轮滑等适宜少儿开展的体育健身活动。这些喜闻乐见且深受少年儿童欢迎的、有组织的体育活动不仅帮助家长培养了少儿的坚忍不拔的意志品质，还在亲子活动中培养了家庭和睦的氛围。邢台市的特特儿童营是在这一领域中非常出色的一个公益性少儿体育社团，仅在邢台市就

---

① 中国老年人体育协会简介：http://chinalntx.sport.org.cn/shouyedaohangtiao/gyxh/2016/0323/160510.html

有 1 万多家长加入其中,目前已经辐射到邯郸、石家庄、保定、唐山、北京等城市,影响巨大。

(2) 青年群体社团

青年人的精力旺盛,求知欲、探奇欲强烈,家庭负担相对较小,通过参与体育活动来度过闲暇时光已经成为青年人健康休闲生活的重要选择。青年人参与的主要是运动量相对较大、活动空间比较开阔的项目,如登山、骑行等户外运动以及篮球、足球等对体力要求较高的对抗类项目。在组织活动中,青年群体也是最具活力的一个群体。从网络论坛、QQ 群、微信群等多种网络媒体平台中的发言或发帖情况来看,青年人群是其中最重要的一个群体。在非营利体育组织中,青年人的热情也最为高涨,参与社会治理的积极性也最高,在组织活动中的作用发挥方面,青年人群体的力量不可忽视,往往是非营利体育社团的中坚力量。

(3) 中老年群体社团

随着年龄的增加以及家庭负担的逐渐加重,以中老年人为主的群众体育社团开始逐渐向休闲健身的形式倾斜,从活动的空间上来看,逐渐开始以便捷到达为重要参考,参与体育社团的主要动机主要以健身、交流、自我展示等为主。

2. 按照体育活动项目划分

(1) 竞技类体育社团

竞技类群众体育社团的成员参与社团活动是为了更好地学习和展示运动技能,较多地体现自身的体育精神诉求,通过参加有组织的体育比赛来追求运动带来的快乐,如足球、篮球、乒乓球等社团组织会常态化地组织比赛来让成员切磋技术、增进交流。此类社团组织往往与"官方"有密切关系,如河北省各市均有足球协会、乒乓球协会等挂靠在体育管理部门的"半官方"社团组织,虽然在经济上已经不再依靠政府的财政支持(主要依靠社会赞助获得活动经费),但在社团活动时,官方的"站台"形式往往能够扩大影响,获得更多的综合效益。对于许多非重点项目的社团活动则更多地依靠自身的影响力来获取发展所需的各种资源。

(2) 健身娱乐类体育社团

在社会体育开展的过程中,更多的群众性体育社团组建的目的是娱乐健身、休闲养生,在这些组织中没有激烈的体育对抗,如骑行、徒步、太极拳剑、大众健身操舞等自发性群众体育组织。此类社团适合不同人群参与，涵盖的年龄范围非常广，也最为普遍。

（3）观赛类非营利体育社团

随着体育竞赛表演市场的日益火爆，各种比赛的粉丝群体开始壮大起来，以观看体育竞赛为主要活动内容的各种球迷组织越来越多，他们借助网络媒体在共同关注的比赛开始之前聚拢，比赛结束后迅速解散，但网络上的留言、评论随时都有。球迷组织是球队重要的精神支撑，有着独特的身份和地位，如足球队的球迷通常被称为"场上第12人"。这些以观赏体育比赛为主要内容的群众体育组织在活跃群众体育文化氛围方面作用突出。

3. 根据活动空间来划分

（1）空间接近类体育社团

群众体育在有组织的开展过程中，往往围绕某一适合运动的公园广场向周边辐射，在一定距离之内的居民容易聚拢在一起共同进行健身活动。笔者在实地观察中发现，老年人和少年儿童的社团组织多数属于此类，如广场舞社团、太极拳（扇、剑）社团，少儿轮滑、跑团等在空间上相对比较接近的自发性体育组织。这些组织在建设与发展中一般遵循非营利的运营模式，如有经费支出，在没有政府支持的情况下通常会采用 AA 制来解决经费问题，如广场舞队购买音响设备、统一的服装等，除了参加群众体育赛事的时候，此类组织活动空间一般不会太大。

（2）户外远行类体育社团

经济与科技的飞速发展为人们的生活带来了更大的便捷，随着交通设施的改善以及交通工具的发展，骑行、徒步、穿越等户外远行类自发组织的群众体育社团呈现蓬勃发展之势。每到周末，从市区到郊区或远郊的骑行队伍、自驾游车队便会络绎不绝，在城市周边的山地、森林、草原、戈壁，随处可见的是充满朝气的各种户外运动社团。大部分的社团在网络平台上招募同行者，费用采用 AA 制，这一点与旅游团队有着本质区别。与家门口的健身组织不同，这类组织需要专门的时间、装备和较好的体能，因此时间投入和经济投入更多，身体素质要求也较高。

四、我国非营利体育组织的发展模式及其特点

（一）我国非营利体育组织的形成过程

从不同的运行主体来看，我国非营利体育组织的形成有着历史背景下的时代性。建国初期为了更好地发展体育运动，国家在大力开展竞技体育活动的同时，又加强了群众体育的普及和推广，中华人民共和国成立初期设置的中华全国体育总会虽然为政府下设机构，但从多方面来审视，其应属于非营利体育组织；而我国的群众体育基层活动组织最早出现在20世纪70年代初期，在20世纪90年代受经济社会发展影响开始迅速发展。在这一时期内，我国居民生活水平有了巨大提升，与此同时，居民的健康意识也有了根本性改观，在广大居民的体育健身需求刺激下，越来越多的人开始聚拢在一起形成群众性体育组织来开展各种形式的群体性体育健身活动，这些活动点以及活动组织都是由一群体育活动兴趣爱好相同的群众自主自愿组合而成的，地点往往选择居住区内较为宽阔的空地，或居民小区周边的商超门前小广场，或者是距离居所比较近的公园等开阔地带。在此阶段，居民体育组织具有人数较少、规模较小、活动内容在选择面上比较受局限的特点。由此，我们可以判断，在这一阶段中我国居民喜爱的基层有组织的体育活动是由非营利性质的群众体育活动组织和营利性质的群众体育组织共同构成的。

（二）现阶段我国非营利体育组织的特点

1. 形成的自发性

如果单纯地从我国非营利体育组织的普遍性来看，当前非营利体育组织中自发性群众体育组织占据了相当的比重，而政府背景下的各种协会或基金会只是非常小的一部分。因此，我国绝大多数的非营利体育组织保持了自发性的特点。在基层中，非营利体育组织的形成通常是有很大随意性的，并不是必须在拥有严谨的组织章程、完整的组织机构后才形成的，而是在随意性促使下，几个有着相同爱好的同事、邻居，甚至是网上的朋友等约在一起进行体育锻炼活动，只要可以形成规律的活动模式，并且有希望招募到更多的人参与到体育活动里来，体育活动组织就会顺其自然地形成。自发性群众体育组织的一个重要特点就是其不受任何部门或制度的约束。

2. 群体边界模糊性

内群体和外群体这两个词是在早期的群体互动理论中提到的，是划分群体的一个界限。群体成员对内群体非常依赖，而对外群体总是用一种怀疑的眼光来看待。他们在内群体中找寻优点，以实现肯定自身形象的需求。我们发现，在自发性群众体育组织之中，通常是不能找到明显的群体界限的，作为自发性群众体育组织里的一个成员，可能会由于各种因素而变换自己参加的体育组织，例如：工作调动、搬家、体育爱好等。不过有一种情况会让群体界限变得清晰、明确起来，那就是在自发性群众体育组织成为竞技性体育比赛中的一个团体去参加比赛的时候。

在非营利组织中，有一个群体不容忽视，即高校中的各种体育社团，大学生群体有着较为充足的业余时间，对群体性的社团组织活动有着高度偏好，因此，高校中的学生体育社团已经成为高校体育教育体系的一个重要组成部分。对于学生群体来说，他们建立起来的群众体育组织具有非常规律的人员变化，一般情况下，在每年9月份的开学季，成员人数最多，新入学的大一学生是主要的新增成员，随着时间的增长，群众体育组织的成员越来越少，每年6月份，也就是学年结束的时候人数最少，当然，在每学期的考试时期，参加活动的人数也会大大减少。以学生为主体的群众体育组织中存在的最大问题就是学生在参加体育活动时缺乏持久性，虽然有很多学生报名，但最终坚持下来的人寥寥无几。

以社区为单位的自发性群众体育组织则呈现出很强的季节性，特别是在北方地区，因为季节的变换导致人们会择时择机走出家门、走进组织进行锻炼。笔者在实地考察中发现，冬季的组织活跃度明显低于其他季节。

3. 参与目的的多元化

非营利体育组织有多种存在形式，每一个组织均有自身的组织目标，参与者参与的动机或目的则呈现出多元化。在科研、文化、传播等类型的非营利体育组织中，组织成员可能会更多地期望自身能够获得不断学习进步的机会，获得交流沟通的平台等；在一些促进体育事业发展的协会或者基金会中，非营利体育组织成员更多的是希望通过自身的努力来推动所关心的体育事业的发展，或者在积极参与中实现自身的价值；而基层中的自发性群众体育组织的成员的参与目的则更加丰富，有的是为了追求健康，有的是为了增加社会交往，有的是为了追求自己所热爱的体育活动等。因此，组织成员的参与目标呈现多元化特征。

4. 参与群体的多层次性

非营利体育组织的成员构成非常复杂，参与群体也表现各异。在这一部分中，笔者不再探讨政府背景下的协会或体育基金会等组织形式，仅讨论以健身娱乐为主的自发性群众体育组织的多层次性。基层的自发性群众体育组织的特征之一就是具有很强的包容性，它可以同时接受年龄、职业、教育背景等具有很大差异的人群来一同参加体育活动，参与到自发性群众体育组织中的人群来自各行各业，年龄跨度也很大，可以说参与门槛是非常低的。人们在组织中共同开展体育锻炼活动，原本的一些人和人之间的社会关系被打破，例如，在单位中是上下级的关系，在组织中却是一同开展体育锻炼活动的组织成员关系；校园中的教师与学生在体育活动中，会很轻松地转变成合作的队友，或是竞争的对手。基层各种形式的自发性群众体育组织因其组织的随意性和松散性，可以包容形形色色的、各行各业的人，在这个群体中，领导会放下身架，学者也将回归生活，财富与身份在自发性群众体育组织中均不被人重视，大家交流的更多的是健身的各种心得。

在社区体育开展的过程中，各种不同的组织纷纷涌现，这些组织间也存在着差异，群体特征也与性别、年龄段、职业特征、居住区域有着内在的联系。例如：在公园广场上最为火爆的广场舞或秧歌锻炼组织中，中老年女性人数要远远超过中老年男性，占据明显比例优势；在传统武术社团中，中老年男性则比例较高；在户外运动组织中，公务员、企事业单位职员人群因为休息时间较为固定而成为主力。这些不同特征人群参与体育活动时呈现出多层次性。

5. 活动内容的多样性

群众的体育需求呈现多样化，在满足这些需求的群众体育活动过程中，各种依托非营利体育组织开展的体育活动内容也表现得极为丰富，呈现多样化发展趋势。在我们身边的各种群众体育社团组织所开展的各种形式的体育活动中，有相当比例的奥运项目，同时还继承了几乎所有的传统体育文化项目，此外，在广大人民群众的智慧发挥下，一些新创设和新开发的运动项目也深受群众的欢迎。这些内容丰富的健身方式把人民大众的创造性完美地展现了出来，而群众性体育组织则为大众提供了一个体育平台，为有创新意识和行为的人提供更大的组织人力支持。

6. 活动场所的灵活性

自发性群众体育组织在开展体育活动的时候需要一定的场地与设备支持，然而与正式的体育组织相比，自发性群众体育组织没有政府所提供或指定的固定场所来开展活动，他们往往会选择公共开放空间，见缝插针地组织自己的活动。很多的时候选择公园、广场，或是小区空地或街头较为开阔的地带，总之，只要有运动的热情，哪里都是激情释放的空间。活动场所的灵活性是非营利体育组织的一个重要特点。

但是近年来，这种活动场所的灵活性导致了一系列的社会问题。广场舞大妈们占据小区广场较长时间和大音量的运动引发了"广场舞扰民"的社会热点；山东临沂的暴走团走上了公路主路，因出租车司机疲劳驾驶，发生多人伤亡的严重事故。这些问题并非是一个简单的事件或事故，更深层次的是城市管理者的服务意识、非营利体育组织参与者的规则意识叠加造成的社会问题。

五、非营利体育组织的发展方向

非营利体育组织是我国社会转型期人民群众健身需求得以满足的一种群众组织形态，在社会运行中，非营利体育组织发挥了重要的基础作用，在全民健身计划的实施中发挥着不可替代的作用。随着政府职能转变的不断深入，非营利体育组织的发展方向也在逐渐发生变化。

（一）非营利体育组织开始向规范化发展

进入21世纪以来，人们对民间组织的相应研究和实践也在不断增多，各种非营利组织的公信力也从法律法规的角度来确保其合法、合理、合规。

2006年1月，中国扶贫基金会、中国青少年发展基金会、爱德基金会3家机构发起了"中国公益性非营利组织自律行动"。2008年在公益组织国际问责会上发布了《中国公益性非营利组织自律标准》，从治理与监督、筹资管理、财务管理、项目管理、人力资源管理、信息公开等方面提出具体要求。尽管说这一自律协定与我国现阶段的实际情况有些差距，但从另一个角度来看，这是对公益性非营利组织规范发展的有益探索。2007年，我国民政部下发了《民政部关于推进民间组织评估工作的指导意见》，[①]为民间组织评估工作提供了参考标准。这些政策和文件的发布

---

① 陈金罗，刘培峰．转型社会中的非营利组织监管［M］．北京：社会科学文献出版社，2010：131-133．

与实施,为我国非营利组织规范化发展提供了方向。

我国当前的非营利体育组织呈现多种样态,发展情况也表现为多元化。在这些非营利体育组织中,体育基金会、官方背景下的各种体育协会、成规模的群众体育社团大多有着成型的社团建设规划、章程等约束性文件的规范和限制,但此类社团在我国非营利体育社团中的比例很低,而盛行于基层的各种草根体育社团则是现阶段我国非营利体育组织的主体。

随着参与体育社团组织的群众公民意识不断增强,越来越多的参与者希望自己的组织能够规范化管理和发展,这种需求得到了许多非营利体育组织管理者的重视。从政府对国民体质问题的重视逐渐加强的趋势来看,群众体育组织将越来越规范化。目前我国民间组织的注册制度要求相对较为严格,从实际操作来看并不符合各种基层草根组织的管理现状。但随着社会改革的不断深化,我国对非营利体育组织的相关规定也将做出调整,在政策指导方面将会提供更为优化的社会资源,因此,无论是已经规范化发展的体育基金会、带有官方背景的体育协会,还是民办非企业体育组织,或者是草根性体育组织,都将在政策的指导下获得更为规范的发展空间。

(二)非营利体育组织将继续快速增多

以基层的草根体育组织为例,在群众性体育组织的发展过程中,越来越多的运动项目被群众接受、吸纳,乃至创新,这些不同的运动项目则成为群众体育组织实施全民健身计划的载体,成为居民健康休闲的重要生活方式。我国居民的健身选择正在不断地丰富起来,回顾居民健身所选择的项目我们不难发现,群众体育的组织形式离不开各种各样的运动项目的凝结因素,从原来的以秧歌舞、健身操、太极拳等传统的体育运动形式为主的群众体育,到因广大人民群众发挥智慧和不断创新而诞生出来的暴走团、跑团、骑行团队、广场舞团队,各种形式的社团组织依托运动项目不断增加。从健身群体的数量方面来看,今后将有更多的人加入健身活动,衍生出更多的不同内容和组织形态的非营利体育组织。

(三)部分非营利体育组织的分化趋势

在非营利体育组织发展的过程中,组织者(或实际控制者)有时会在经济利益的诱惑下,开始尝试将非营利组织的性质进行改变,逐渐朝逐利性的企业组织方向发展。这种趋势在当前我国非营利组织的管理中是一个新课题。由于注册管理制度的滞后,导致部分有逐利性经营冲动的非营利组织无法实施有效的管理，这些组织在获取一定的社会资源、拥有一定规模和影响后开始脱离非营利的发展轨道，转而向逐利性的企业组织发展。

案例：

非营利体育组织的分化——绿野户外

我国的户外运动从20世纪90年代开始走进人们的视野，并随着年轻一代的自由职业者追求亲近自然、挑战自己的精神追求而逐渐兴盛。其中，一个国内影响力最大的户外运动论坛——绿野户外，站在了户外运动组织发展的第一梯队。在拥有了巨大体量的客户资源后，绿野户外实现了企业化转向，由非营利转向企业化运营，成为国内户外运动市场中的佼佼者。

绿野户外最早是在1998年在网络上注册了个人空间，起名"绿野仙踪"。1999年，原来的几位有着相同的户外运动爱好的网友开始打理这个已经引起了不少人注意的论坛。论坛的开放注册为许多户外运动爱好者提供了交流、学习、一起行动的平台。2001年，论坛运营者申请了www.lvye.org域名，并声明不追求从网站获利。几位组织者共同担任管理员，管理论坛的正常运行。这一阶段恰恰是我国户外运动大发展的开端。许多爱好者在论坛上寻找自己所在地区的组织，并根据组织发布的"召集帖"参加各种形式的户外运动。可以说，是互联网技术的发展成就了我国多种形式的群众体育组织。在这个虚拟的平台上，组织者可以发布行动计划，组织成员可以响应并积极参加，大家在论坛上交流信息、组织活动，晒各种出游的心得和照片，认识来自五湖四海的网友。这一时期的绿野户外作为网络论坛组织仍然秉承着初创者的非营利、重公益的设计思想。

随着越来越多的人涌入论坛，市场化的需求越发强烈。对于原有的绿野户外管理团队而言，也面临着市场化运作的巨大诱惑。2003年，原绿野户外运营团队的一位成员出走，并申请了另一个域名www.lvye.cn，同时，注册了"绿野视界信息技术有限公司"，开启了商业化运作模式。此后，各种赞助和广告逐渐为公司带来源源不断的利润。而原来的非营利组织（即www.lvye.org）在商业化的冲击下始终保持着非营利的基本思想，户外圈子内的人士也经常用"绿野.org"和"绿野.cn"予以区分。

在商业化和专业化的发展过程中，营利性绿野不断获得业界的关注，目前绿野先后推出国内"户外运动强度标准"、民间户外救援组织——"绿野救援队"、与保险公司合作的专项运动保险等运营项目。在2012年，绿野并购了国内最大的户外线路分享网站——六只脚，开启了互联网新媒体战略计划。2014年获得探路者（国内著名体育品牌上市公司）的战略投资。

到目前为止，绿野网站平台包含了穿越、山地、骑行、滑雪等近20类户外运动项目，其中，滑雪论坛是国内最大的滑雪爱好者聚集的地方，数百家滑雪俱乐部在绿野网站平台上发布活动信息。绿野网站的论坛包含了全国各个省市的分支论坛，并开设了9大类、50余个子板块，注册会员超过了4 000万人，规模巨大。需要说明的是，绿野公司虽然已经是一个营利性网站平台，但绿野网站为众多的爱好者提供的信息交流等服务依然是免费的。在户外组织的活动形式上来看，自由度较高的网友互约、AA自助、户外运动俱乐部组织、商业活动等多种样态并存，其中，商业活动已经演变成为休闲体育旅游商业服务项目，而前三种依然是较为松散的非营利组织活动。

注：根据网络资料整理而来。

第二节　社会转型期我国公共体育服务与非营利体育组织的协调发展

一、现阶段政府公共体育服务存在的问题

（一）区域和城乡公共体育服务具有差异性

由于经济社会发展的不平衡性，城市与乡村的公共体育服务建设差距比较明显。在发达城市中的非营利体育组织的发展过程中，"组织管理""服务效益"和"服务运行""经费投入"等各个方面均明显优于欠发达城市及农村地区。当然，某一地区非营利体育组织发展的程度也与地方政府的重视程度、公共财政投入、公共体育服务从业人员队伍、社会体育组织和团体数量与质量等密切相关。

除了区域差异明显之外，城乡之间的公共体育服务体系在覆盖面上也是非常不均衡的。城市地区的公共体育服务体系相对完备，行政村、自然村的公共体育设施、内容、指导、信息和运动康复设施的发展相对滞后；城市居民经常参加体育锻炼的人数比例与农村居民相比要高出很多，城市居民在整体身体素质的状况上与农村居民相比要好很多；在经济投入上，部分经济相对薄弱地区的公共财政对公共体育服务的投入明显不足，部分地区留存的体育彩票公益金未能充分满足公共体育服务发展需要。此外，不同人群特别是残障群体分享公共体育服务发展成果的渠道非常有限，在

活动开展、信息获取、健身指导和保健康复等方面，与其他人群相比发展相对欠缺。

（二）公共体育服务的财政保障政策缺失

财政保障是公共体育服务体系示范区建设的基础。目前，公共体育服务体系示范区创建的财政资金并未单列，统计口径仍然遵循财政拨款序列中的"体育"的预算和决算。除了财政定额拨付的"体育"款项用于行政支出、竞技体育、群体竞赛、场地设施等项目之外，并没有"公共体育服务体系建设"的专项经费。在指标创建的数据统计过程中，也是将"体育经费预算"等同于"公共体育服务经费"。因此，专项财政保障政策的缺失限制了非营利性群众组织的发展，当地政府的重视程度对非营利性群众组织的发展有重要影响。我国很多城市存在文化、新闻、体育、教育等众多机构合并的现象，在经费方面自然也是文化、新闻、体育、教育等多项经费合并，并且占据相对较小的份额，可用于公共体育服务支出的比例就更小了。

（三）公共体育设施的供给总量不足且利用率不高

近几年，虽然我国很多城市的公共体育场地与设施在数量上以及人均面积上不断上涨，但是还不能满足现代社会群众快速增加的健身要求，在总量上仍然不足。根据统计资料显示，截至2007年，在全国体育场地中，体育系统管理的体育场地2.43万个，占1.43%；场地面积0.95亿平方米，占4.79%。教育系统管理的体育场地66.05万个，占38.98%；场地面积10.56亿平方米，占53.01%。由此可见，学校体育场地仍然是最大的存量资源。中央和多个部委曾多次发文，号召在课余时间开放学校体育资源，但是因为受制于如学校管理者认为安全性不易保障、场地器材开放后易损、管理人员成本支出提升等多种因素，学校响应中央号召的积极性远远不足，各地各级学校拥有的大量体育场地与设施仍然难以实质性地对社会开放，其利用率非常低。

（四）公共体育服务的"着陆"能力不足

机构改革是我国深化改革中的重要一环。在体育领域中，机构改革的目的是整合资源、消除冗余，在基层中，体育部门往往会与教育、文化部门合成一个机构，而体育可能就会被逐渐边缘化，进而造成基层体育部门在群众体育活动中的缺位，或者在群众体育事业推进中的形式主义。笔者在实地调研中发现，在许多的乡镇、街道（社区）层级的体育管理工作中，基层文体工作者一人身兼多职，承担多项工作，在实际工作中，公共体育服务的职能往往被文化、卫生、宣传等其他职能遮蔽和忽视，导致省、市、县（市、区）制度层面的设计、规划尽管能够下达，但是执行困难且流于形式。公共体育服务的"着陆"与实施，与基层公共体育服务人员队伍的数量及质量有很大关系。

（五）体育基础数据统计制度不健全

以体育产业统计为例，体育产业在国民经济发展和体育事业发展中的地位已经越来越高，但是现有的体育产业统计中尚未建立"体育产业增加值""体育服务业增加值""体育产业营业收入"等专项统计，与国际上一些国家常用的体育产业统计分析对接困难。以江苏为例，目前江苏省体育产业统计的层级较高，除了省级和部分相对发达的市级层面拥有本区域的体育产业统计数据外，其他区域并无规范的体育产业统计数据。这一状况不利于体育产业方面的科学研究和政策制定。此外，体育人口统计、体育消费额统计以及地方群众性体育活动统计等，都没有建立统一规范的统计口径。

（六）公共体育服务的社会化水平不高

目前，社会力量在公共体育服务体系中的地位和作用仍然有待提高。虽然在群众性体育活动开展上已经初步显示出活力，但是在设施建设、管理维护、赛事承办、软件配套、社团发展等方面仍然作用有限。以社会体育组织和团体为例，目前我国社会体育组织和团体并未获得自主性发展，承接公共体育服务的意识和能力均很薄弱。广东、上海、江苏、浙江等发达省市已经开始了多种形式的社会组织承接政府部分公共体育服务职能的工作，积极推进社会体育组织和团体向基层延伸的活动，不断深化体育社团的改革，不仅要扩大基层社会组织的覆盖面，更要提升基层社会组织的质量。需要注意的是，虽然近年来我国城乡非营利体育组织得到了快速的发展，但是，我国大多数地区的基层体育社团在数量上还是非常不足的，在组织建设方面欠缺自我发展的能力，也没有将其作用充分地发挥出来。因此，我们需要参考借鉴国外社区体育健身俱乐部在社区体育活动、设施管理以及提供公共体育服务上的成功经验。在目前公共体育服务资源总量有限的前提下，提高社会体育组织和团体特别是体育社团协会、民办非营利的俱乐部、体育基金会的数量规模，提升其承接公共体育服务的能力，吸引更多的社会资本投入公共体育服务体系的设施建设、活动开展、科学健身指导、运动康复等方面，目前仍然是我国非营利群众体育组织建设得以健康发展的关键环节。

二、政府职能转变中非营利体育组织的发展良机

（一）政府职能的让渡拓宽了非营利体育组织的发展空间

政府职能转变是在新的历史阶段，根据经济社会发展的需要，在政府承担的职责、发挥的功能、管理的范围、提供公共服务的内容与方式方面做出主动的转移和变化。在体育领域中，政府职能转变正在深刻地影响着我国民众的生活。这种转变最为直观的表现是政府逐步放宽管理权限，改变过去传统的"什么都管"，把一部分群众体育工作交给社会，让渡给社会体育组织来完成。如体育竞赛的管理正在不断深化改革，体育赛事公司正在全面接收政府职能转变后的各种群众性体育赛事运营管理。

在群众体育领域中，过去政府每年都组织的各种群众性体育活动和竞赛，也在交还给社会体育组织来进行运营管理。这种背景下的群众体育组织得到了巨大的潜能释放。然而，我国的社团管理还存在与实际需求的制度缺口，即若想成为合法的组织，需要经过注册审批，但从相关法律条款来看，群众体育组织的申请注册和通过审批却有着较高的门槛，这在一定程度上又限制了大量自发组织的群众体育社团合法的发展。事实上，目前绝大多数的自发性群众体育社团都无法通过审批、获取合法身份。

在公共体育管理中，群众体育覆盖面广、内容繁杂、形式多样等特点决定了政府不可能面面俱到地提供管理服务，另外，群众体育开展的市场化程度很低，也就决定了不能引起市场经营主体的关注而得到较高回报的市场健身服务。解决这一困局，需要政府打破原来僵化的管理模式，放开政策空间，把社会成本很高的管理工作交给社会组织。特别是在今天公民社会思想已经在民众头脑中产生实质影响的情况下，激发群众体育社团的参与积极性，发挥公民的自我组织、自我治理的能力和活力是非常重要的。

从目前各地群众体育组织的发展现状来看，这种效果正在显现出来，反映出政府职能转变为非营利体育社团的蓬勃发展拓宽了道路。

(二)自发性群众体育组织地位合法化

非营利体育组织既包括政府背景下的各种体育协会或体育基金会,也包括当前普遍存在并且有效弥补政府公共体育服务和市场体育供给产品不足的各种社会体育组织。特别是后者在当前我国全民健身工作中的基础地位和重要价值,已经引起了各方的关注。依据原有的《社会团体登记管理条例》等法律法规,相当比例的自发性群众体育组织不具备合法的社会地位。

目前,我国群众体育中的自发性群众体育组织基本处于自生自灭的一种生存状态,属于体育社团组织的边缘地带,从法律角度来看,其没有一个明确的合法身份;体育管理部门对其进行监督和管理的力度较低,可以说是采用放任管理的模式。虽然有许多自发性群众体育组织没有一个规范的发展模式,但事实上,在群众体育事业的推进过程中,这种基层的体育组织发挥了非常重要的作用。随着我国各种形式的自发性群众体育组织不断产生积极的影响,体育管理部门对其的管理也已经宽松。虽然当前并没有及时出台相应的管理规定或法律条文,但我国的民政管理部门与体育管理部门也正在进一步加强沟通和协调。探索出自发性群众体育组织的地位合法化的发展道路,前提是要确保组织的灵活性与多样性,促使一批发展成熟的、具有体育公共服务工作能力的自发性群众体育组织拥有合法化的地位。

对于一些发展水平较高并且成熟度较好的自发性群众体育组织来说,它们可以承担更多的群众体育工作,为政府部门分担部分公共体育服务职责,同时也有利于自身的发展。明确自发性群众体育组织的法律地位,是组织发展的大趋势。

(三)政府公共体育的持续投入为自发性群众体育组织的规范发展提供助力

政府将提供公共体育服务的具体措施表现在修建公共体育设施方面,给人民大众开展体育活动创造了必要的硬件条件。近年来,中央用于修建体育公共设施的资金高达12.4亿元,这也是政府开展体育公共服务工作的重大举措之一。各地在城市建设中不断加大群众体育活动场所的规划和筹建,如河北省在前几年进行的城市"三年大变样""三年上水平"的大规模城市规划发展中,在11个区市中均推行了"10分钟运动圈",要求在城市规划建设中"500米见园、300米见绿",大力扩展公共活动空间,并积极筹措资金,合理使用体育彩票基金建设全民健身路径。以省会石家庄为例,截止到2012年年底,利用国家省市三级体育彩票公益资金3 800多万元,在全市累计安装健身路径1 394条,基本实现了社区体育健身设施全覆盖,建设了农民健身工程2 473个,在全市123个公园广场安装和更新体育健身设施,围绕穿越市区的民心河打造了百里健身长廊。为了使居民轻松地找到可以健身的场所,找到适合自己健身的各种组织,石家庄市体育局创立了"公共体育服务平台",通过不断加大对全民健身事业的投入,为群众体育活动创造了优良的场地设施基础,也为各种自发性群众体育组织的活动开展提供了良好的环境。

在群众性体育活动方面,近年来,在石家庄市体育局的不懈努力下,群众体育的活动形式不断增加,多种形式的群众性体育赛事都实现了常态化。各种形式的群众性体育赛事如"元旦长跑""徒步大会""群众马拉松(半马、微马)""社区运动会"等已经深深地激发了本市居民的体育锻炼热情。从2016年开始,石家庄市体育局全力打造"全城热练"全民健身品牌活动,这是一个群众性体育赛事的活动推广平台和全民健身品牌。

可以说,石家庄市最初的小投入获得了社会的大收益。在2015年,石家庄市体育总会得到的各方赞助共计156万元,而2016年的社会性赞助费则迅速攀升为800多万元,这说明政府初期的投入带动了群众体育活动的热烈开展,吸引了社会各界,尤其是得到了各企业的高度关注和积极参与,进而改变了群众体育依赖政府投入的旧有模式,开始了群众体育赛事市场化运营的新模式。在这一过程中,群众的健身意识显著提高,群众积极参加有组织的健身活动的热情也显著提高,非营利性群众体育组织的蓬勃发展也成为必然。

纵观我国全民健身计划的实施过程可以发现,各种形式的基层群众组织实际上承担许多政府未能全面覆盖的社会职能,在大众健身方面有着举足轻重的作用。但是,当前我国数量庞大的基层非营利体育组织在组织建设上依然存在着各种问题,如组织化程度较低、组织结构松散、组织生存能力较弱,甚至有许多的自发性群众体育组织如同昙花一现般很快诞生,又很快消亡。因此,政府在行使公共体育服务的职能时,需要对各种抗冲击能力较弱的新生组织予以支持,提供指导、规范的职能定位和相关激励机制。但是,政府在对各种非营利体育组织进行宏观管理和有效指导的时候，需要保持这些基层组织的自主发展性和原有的生态格局，切不可因为较多的行政干预造成这些基层体育组织对政府支持的依赖性。

三、现阶段我国非营利群众体育组织建设的有利条件

（一）立足居民的健身休闲需求，确保全民健身计划的深入推进

马斯洛的需要层次理论指出，在社会经济得到飞速发展之后，人民群众对体育的需求越来越多元化，并对其参与的体育组织在发展上有了更高的要求。国外的发展规律显示，当一个国家人均 GDP 达到 8 000 美元时，健身休闲将成为人民重要的消费内容。在 2014 年，我国人均 GDP 已达到 7 575 美元，这预示着今天我们正处于健身休闲产业的加速发展阶段。2014 年 10 月，国务院办公厅颁布了昭示我国健身休闲产业大发展的"46 号文件"，2016 年国务院办公厅再次推出了"77 号文件"，从政策环境上为我国的大众健身休闲产业发展提供了巨大的支持，这也为各种非营利体育组织提供了发展的契机。

（二）互联网技术的广泛应用为非营利体育组织的发展提供了便捷服务

在互联网技术已经渗透到人类生活的每一个角落的今天，谁也不能置身事外，网络所具有的平等性为公民参与的平等性提供了保障。人们借助网络发起的自发性群众体育组织将以往的人与人之间的传统联系模式打破，让人们克服一切障碍聚集到一起，只是为了共同爱好的体育活动，从某种程度上来说，人们社会交往的途径进一步扩大，社会交往的广度也不断提高。

充分利用互联网技术不只是在年轻人群中适用，对于中老年人群来说，智能手机、移动互联技术的普及使用也给他们的交流提供了便利，许多老年人拥有自己的 QQ 或微信，也有自己的网络朋友圈子。利用网络交流的便捷属性，许多老年人遵循自己的体育爱好而自发地聚拢形成各种非营利性群众体育组织。在这个过程中，互联网技术已经成为重要的载体和平台，不同运动爱好者利用 QQ、微信、论坛等各种网络平台，发起形式多样的健身休闲活动，其活动内容将更加广泛，打破了传统的体育活动内容，开展了更多丰富多彩的活动，例如：聚餐、旅游、聚会、公益事业服务等，所以说，在开展自发性群众体育组织服务的过程中，必须要将互联网技术

充分利用起来。

（三）非营利群众体育社团组织的骨干力量持续增强业务能力，组织发展也正在朝规范化前进

许多非营利体育社团组织中的骨干力量或领导者通常具有较好的锻炼技能、较强的组织责任心、较为充裕的时间和精力以及高度的组织热情，这些骨干力量的组织能力与管理水平直接决定了该组织能否健康持续发展。在我国全民健身计划深入推进中，各地各级管理机关开始注重各种形式的培训和指导工作，意在提升各类体育社团组织的管理和运行的良性发展水平，通过各种形式的培训来全面提升组织者的个人综合素质水平。目前活跃在群众体育活动中的社会体育指导员队伍已经成为全民健身的重要推动力量，针对社会体育指导员的各种培训也是各种非营利体育组织健康发展的关键环节。政府采用国家全额拨款的方式支持社会体育指导员的各种培训工作，目前已呈常态化。同时，鼓励各类非营利体育组织的骨干力量积极加入进来，不断扩大社会体育指导员队伍，推进群众体育社团组织的规范运行。

有些组织者除了组织开展群众体育活动之外，还成了社区、街道、居委会等基层组织的治理力量，积极参与社会治理工作，在解决居民间的一些问题上发挥了疏通"毛细血管"的作用。同时，有的非营利体育组织为了获得更好的社会资源，通常会采用邀请政府官员担任顾问等形式，但随着中央相关规定的陆续出台，通过这一形式来获取便捷的社会资源的途径已经走不通了。

培养组织内部的拥有社会公信力的组织者，对组织的持续、长远发展有深远意义。因此，完善且有效的培训机制和监督管理机制的建立是非常必要的，尤其是要对当前群众体育活动中具有一定风险的体育社团（如"驴友"组织）的组织者及组织机构进行认真的审核与监督管理，并对组织者及其成员进行必要的应急处理培训工作，以防患于未然。

（四）非营利体育组织在制度化建设方面持续推进，社会关注也在日益提升

非营利体育组织的形式各异，活动内容也呈现多元化，有的组织需要明确的制度支撑，因此在制度建设方面做得比较好，如户外运动组织，会在领队的身份确认、职责明确、工作流程等方面有明确的要求，也会在组

织成员的个人行为、投保保险、统一行动等方面用制度来进行约束。但许多活跃在公园广场的自发性群众组织并没有明确的组织制度，通常在口头约定或共同默认的行为规范下开展活动，也有成员对自发性组织内部的规章制度有了一定的了解与掌握，有少部分组织也会将规章制度用文字的形式打印到纸上或者公布于网上，这些组织的运行模式松散但很灵活，通常会有其独特的管理方式。但是，从客观上看，有一定规模或人数的非营利体育组织内部有必要创建合理的符合成员体育需求的组织规章制度，这对于组织的持续、健康发展来说，有重要的意义。要将组织规章制度的积极方面尽可能地去放大，要缩小其消极面的影响力。

自发性群众体育组织最常见的经费来源主要包括：社会企业捐赠、个人捐赠、成员 AA 制分摊、表演收入、比赛收入等。目前我国的自发性群众体育组织虽然数量多，但质量不高，处于发展阶段，自身所具有的生存能力不高，组织者不具有专业的组织素质。另外，地区经济社会发展的不均衡给非营利体育组织发展也带来了很大的差异性。现阶段，我们还没有找到更加多元化的组织经费筹集渠道。

第三节　非营利体育组织建设与创新社会治理

党的第十八届三中全会明确提出我国全面深化改革的总目标，要"完善和发展中国特色组织活力"。会议提到的从"国家管理"到"国家治理"的转变，是国家发展的必然趋势，同时也是不断完善与发展中国特色社会主义制度的客观要求。从本质上来说，国家治理体系就是实现国家与社会协同共治的目标，在这个强调民主、参与与互动的多元化国家治理阶段，政府不能将非营利组织排除在治理主体之外，而是要通过政策激活非营利组织的社会活力，使其积极参与社会治理，在共同享受公共权力的同时也共同治理公共事务。在这种大环境中，我国体育行政部门的改革深化与不断发展跟非营利体育组织的创建与发展是密不可分的。只有大力发展我国的非营利体育组织，不断培养发展社会体育的管理主体，才有助于早日实现非营利体育组织参与社会治理。

一、政府与非营利体育组织的关系

非营利体育组织在当前我国的社会生活中已经成为一种组织常态，在居民的健康促进方面发挥着重要而积极的作用。在学术界，关于政府与非营利体育组织如何处理相互关系的研究很多，我们主要从组织职能、资源依赖及关系向度这三个方面来介绍。黄亚玲教授强调，体育社团传承着传统文化的特质，中华人民共和国成立后，我国的体育社团共经历了3次发展高峰，每一次都和国家的政治、经济及文化的发展息息相关。刘东锋等借助经济学理论，在我国政府对非政府体育组织的需求和社会体育组织供给的内容方面进行剖析，并强调在供给上，我国非政府组织和国外非政府组织存在很大差异，并且在经济方面对政府的依赖性过强。王乃英、熊振强等分别从我国政府职能转移视角方面对政府与非营利体育组织职能的划分做出了分析，他们分别指出现阶段我国政府的管理模式应当由以往的行政管理与全面包办的管理模式转变为我国政府和社会组织协作管理社会事务的新型合作式管理模式。冯欣欣等从资源依赖方面强调从中观层面讨论我国政府和非营利体育组织之间的相互协作问题，政府与非营利体育组织之间具有一致的组织目标及两者之间的资源相互依赖是促成两者之间合作的重要因素，而从组织身份与资源依赖这两个层面来分析，现阶段我国政府和非营利体育组织之间存在权力失衡的问题，两者的合作模式因权力失衡而受到很大的限制。政府应该对非营利体育组织下放更多的权利，非营利体育组织也要不断完善自身建设，增强自身职能，形成政府和非营利体育组织之间理想合作的模式。汪流强调了非营利性组织与政府的关系向度要着重加强"合作"而并非"分离"，要从以往的"政府主导式合作"转变为"两者之间互补式的合作"。

二、关于现阶段非营利体育组织发展的研究

在查阅大量相关资料的基础上，我们发现目前政府对非营利体育组织的重视程度不高，组织间的相互沟通与协调非常缺乏，非营利体育组织的队伍建设比较薄弱，获得经费的渠道比较有限且经费数量很少。上述问题的相关解决对策，一些文献中也有提到，这就为非营利体育组织建设及参与创新社会治理提供了坚实的理论基础与丰富的实践基础。

人们对非营利体育组织的一些研究基本上都是基于国家管理背景而开展的，在改革不断深化的新形势下，我国政府对非营利性组织参与社会治

理等方面也进行了一系列的改革与创新,尤其是我国政府在非营利性社会组织发展的鼓励和培养、开阔发展空间、规范组织的发展机制等诸多方面都开展了一系列的新探索。政府对非营利性组织在制度与政策上的一系列改革与尝试,为新形势下非营利体育组织的建设及非营利体育组织职能的充分发挥,以及最终形成非营利性社会体育管理及社会体育服务合力提供了保障,为中国政府与非营利社会体育组织之间未来关系的发展变化打下了一个良好的基础。

三、非营利体育组织与创新社会治理

我国的非营利体育组织的发展要根据我们国家的国情来进行,而不能只是简单地照搬照抄国外的非营利体育组织的成功发展经验。目前,在创新社会治理的大背景之下,我国的非营利体育组织与社会治理的方式及有效参与社会治理的前提条件都是需要进行科学研究的。

(一)非营利体育组织的广泛发展有利于增强居民的社会规则意识

社会的有序运行需要各种约束机制,其中,既要有法律法规,又要有公序良俗,社会成员同样要遵守各种法律规定和社会公德。体育对于每一个社会成员而言,除拥有强身健体的核心价值之外,还有一个重要的社会赋予功能,那就是利用自身所特有的规则意识,帮助社会成员遵守社会运行所必需的社会规则意识。在社会文明高度发展的今天,人民群众在积极参与各种形式的体育运动组织活动的时候,无形中就接受了这种规则意识的培养或教育。如按照组织要求完成工作、尊重组织成员意见、遵守组织规则等,这些社会规则意识的养成不仅对个人有着良好的教育功能,对组织而言也有着约束机制和氛围,有助于组织的建设与发展,对于社会的运行而言,这种规则意识的形成将在社会治理中发挥重要的作用。

(二)非营利性体育组织的社会参与有助于不同社会阶层的融合

改革开放以来,我国的经济社会发展取得了令世界瞩目的成就,人民生活水平也大幅提高。但是,随着社会财富的不断积累,社会分化现象也日益严重。资本主义国家中的帕累托效应在我国经济发展过程中也逐渐显现,人民财富积累的"二八现象"导致了社会裂痕。从经济学的视角来看,财富向少部分人手中积累是一个客观现实,但从社会学角度来看,这种社会现象积累了极大的社会隐患,在社会资源再分配过程中容易引发社

会矛盾。

非营利体育组织在人们的闲暇生活中不断地吸纳各种社会力量，参与者可能是富有阶层，也可能是普通民众，或者是政府机关人士，抑或自主创业者。无论是什么经济社会背景，人们在有组织的健身活动中进行感情沟通，了解对方，感受自己工作生活圈子之外的社会现状，有助于解决社会阶层分化导致的各种不和谐问题。

（三）非营利体育组织活动对社区建设与发展的重要作用

在我国，随着政治体制改革和经济体制改革的不断深入，社会管理也逐渐走向社会治理，"管理"与"治理"虽只有一字之差，但内涵却相去甚远。政府对社会事务的"管理"往往体现了政府是社会运行的主要推动力量，而"治理"则突出了政府引导、社会主体积极参与的社会运行新模式。现阶段，社会治理的关键在于基层社区的建设，社区治理直接影响着和谐社会的构建。在社区治理中，各种社会主体主动积极参与不可或缺。作为社会治理主体之一的各种活跃在社区内的非营利体育组织本身具有民间性、公益性、自治性和资源性特征，与其他社会组织相比，非营利体育组织在促进社区居民参与和推动社区精神文明建设方面有着独特的作用和价值。在关乎民生和全民健康的大战略上，非营利体育组织并非是一个可有可无的摆设，而是促进基层体育事业发展的重要力量。

非营利体育组织作为一个交流沟通的平台，有助于社区居民建立人际间的互信，也有助于在城市化不断加剧的社会发展背景下融合社区中来自各个行业、各个阶层的人们，在促进社区居民个体间、个体与组织之间以及组织与组织间的互动合作方面发挥着重要作用。同时，非营利体育组织的活动可以充分传递社会不同群体间的信息与诉求，帮助政府倾听民意、增强政府与群众的有效沟通。

（四）非营利体育组织活动有助于提高社会居民的身心健康水平，提升了社会总体福利

非营利体育组织活动的日益丰富，在居民闲暇生活时间中起到了重要的填充作用。有组织的健身活动为社区居民提供了多种福利，例如，在各种非营利体育组织的带动下，许多人正在从麻将桌和酒桌走向充满活力的街头广场、健身路径，在有组织的活动中，人们的先天惰性被克制，转而会因为积极的正面引导呈现出积极的拼搏精神。因此，无论是居民的身体

健康状况，还是积极的生活工作心态，均可以在非营利体育组织的活动中得到显著提升。社会在运行的过程中经常会呈现出一个连锁效应，即在居民身心健康水平提升后减少了社会医疗成本的投入，这笔资金可以转而投向更有效率的社会活动。所以，从这个角度讲，非营利体育组织的活动对于社会总体福利的提升来说意义重大。

第四节 信息时代非营利体育组织的网络化建设与管理

计算机科技和网络技术的迅猛发展令世人惊叹，同时也受到极大的关注，网络已经深入到了人类衣食住行的各个方面，成了人们日常生活、工作与学习的重要工具。在现代社会中，人们借助互联网的优势随时随地获取资讯和知识资源，人们之间的交往互动模式也发生了巨大的转变，传统的面对面交流的方式已经被打破，人们借助互联网，不用受到时间与地域的制约，随时随地可以实现人与人之间的交流与沟通。人们对空间与时间在意义上的理解也在很大程度上被改变，大家可以在一个虚拟的空间里面实现彼此之间的交流，这个虚拟的空间对人们来说是一个全新的领域，它让人们的视野得到了极大的拓展，全新的人际交流模式与形态逐渐形成。

自发性群众体育组织在发展过程中也受到了互联网科技的影响，网络性的自发群众体育组织的模式将成为以后发展的方向，尤其是对于青少年来说，这将成为他们未来的重要组织模式。我国现有的自发性群众体育组织主要分为三种：第一是在各地依托社区或村落形成的区域性群众体育社团组织以自愿、互益、娱乐、健身为主要目的，通常不需要有严格意义上的组织结构或章程等约束；第二是依托经营实体组建的各种自发性群众体育社团，如河北省邢台市自行车爱好者依托喜德盛自行车专卖店组建起来的宏途自行车俱乐部；第三是借助互联网形成的自发性群众体育组织，如通过网络论坛和微信平台组织起来的户外运动社团。这三种形式的自发性群众组织并不是相互独立存在的，而是有内在的联系或交互性，即各种组织有可能是在约定的地点和时间来进行有组织的活动，也可能是在网络平台上相约，或者在某一特定的时机聚集起来完成有纪念意义或产生社会效益的集体行动，如骑行队伍会在网上发布关于环保的倡议，并组织成员在约定的时间完成倡导环保的公益骑行。这种融合式的组织活动形式有着深层次的原因。

一是市场经济体制的完善导致了人们生活节奏的加速以及社会竞争的加剧,人们在选择体育运动的时候更加讲究效率化,便利的网络可以帮助人们在选择自己喜欢且适合自己的群众体育组织的时候更加高效、更加快捷。二是群众体育组织是一种自发性质的不以盈利为目的的组织团体,他们所掌握的资源条件是非常有限的,需要紧追政府和企业的脚步,将自身的社会价值最大化地发挥出来,在发挥自身社会价值的同时要将成本控制到最低,效率保持到最高水平,尽最大的努力为自己所在的非营利组织争取到更多的社会资源,从而推动组织不断发展。在这一背景下,充分运用互联网技术来实现掌握资源的最大化,已经变得更加现实。

互联网时代的到来可以使非营利体育组织或社团的一切活动更公开、更透明,可以帮助组织实现更为高效的运作,这对于体育社团的组织者而言,管理职能得到了更好的辅助发挥,不仅使组织活动变得更加便捷,同时也有助于在频繁的组织生活中凝练和提升组织文化,扩大影响力或社会声誉,进而帮助组织获得更多的外界资源。但是,人们的日常生活已经与网络密不可分了,人们习惯通过网络来完成各种实践活动,人们在选择组织类型或组织活动方式的时候借助网络的力量,查看多种途径,在进行对比分析之后选择最适合自己的组织。这就对自发性的群众体育组织提出了更高的要求,他们需要不断地去完善自身建设,让自身的组织形态更具有吸引力,让更多的人来关注并加入自己的组织中来。

伴随移动互联技术的发展与普及,我国广大人民群众借助网络创建各种QQ群、微信群、微博、论坛等平台,各种活动组织越来越受到欢迎,组织成员通常借助这些虚拟的论坛和平台针对体育运动的技术与技能进行沟通交流,还可以策划和举办各种与体育相关的活动,帮助成员进行情感的沟通与交流等。

我们以悠游网络论坛为例来分析介绍,悠游网络论坛以地区为依据设置了多个区域板块,遍及全国各地,如按照区域划分为华北、华南、华东、东北、西北等几大区域。各区域论坛进一步划分成不同城市区域的分论坛,如华北地区的分论坛又设置了石家庄冬泳、山西新天乐等;悠游论坛华南地区的分论坛设置了深圳深水特区、桂林游泳爱好者等;悠游论坛华东地区的分论坛设置了张家港泳无止境、上海游泳等;悠游论坛东北地区的分论坛设置了佳木斯松花江游泳影音在线、辽阳俱乐部等;悠游论坛西南地区的分论坛设置了成都冬泳之友、重庆风雨阳光等;悠游论坛华中地区的分论坛设置了武汉水上救援专区、湖北黄石三康游泳队等;悠游论坛西北地区的分论坛设置了悠泳陕西咸阳俱乐部、悠泳新疆等。各地的网上论坛组织分别开展自己区域内的各种聚会、训练、比赛等游泳活动,因为地域的差别,悠游论坛各地的组织也呈现出较大的差异性,根据不同的地理环境和气候特点开展不同的线下活动,但活动需要遵守论坛的相关规定。如关于资金支付的 AA 制、自己负责投保意外险、自发组织各种活动、积极在网上发帖和回帖来确保论坛的热度等。

第五节　非营利体育组织管理

作为全民健身事业发展的重要组成部分,我国的非营利体育组织也呈现出典型的中国特色。既有如中华全国体育基金会、老年体育协会等政府背景下的各种行政式非营利体育组织,又有在群众体育活动中因各种缘由聚拢在一起形成的民间体育社团,还有结构相对松散、活动也表现为临时性的各种草根群体。无论是何种社团组织,管理工作都不可或缺。

一、非营利体育组织的使命与宗旨

我国非营利体育组织表现形态多样,但作为一个社会团体,在成立伊始,无论是否用文字来表述或固定,其社会使命和组织宗旨也会随之诞生。

对于任何一支体育团队的领导者或管理者而言,组建一支团队很容易,但管理这个团队则需要智慧和知识。这个管理工作的逻辑起点则是团队为何而成立?有着恰当的、符合实际情况的组织使命,围绕这个使命来推出组织成员共同的愿景,是整个管理工作的源头。使命是组织命脉所在,它凝聚了组织的理想,论证着组织存在的理由,并且为所有志愿者确定了一个清晰的目标。[①]

(一)为何非营利体育组织需要拥有使命

如同中国足球队的每一次组建,其使命离不开冲进世界杯的梦想一样,

---

① 北京志愿者协会.志愿组织建设与管理[M].北京:中国国际广播出版社,2006.

非营利体育组织也有自身的使命来维系团队成员的美好愿景。

1. 非营利体育组织的使命有助于团队价值的体现

明确的团队使命将帮助团队成员清晰地看到自己努力的方向,可以让团队的领导者掌控自己的组织具备什么样的能力和工作方式。同时,根据组织的使命来协调与政府间、企业间、其他相关的公益社团间的关系,以便于更好的发挥各种资源优势,加强与相关利益集团的沟通与交流,促进非营利体育组织发挥自身的独特功能,产生更大的社会价值。组织的使命多次在团队中讨论与巩固,可以让团队成员产生强烈的自豪感和使命感,并吸引团队外感兴趣者加入团队。

2. 非营利组织使命有助于增强组织的核心凝聚力

在管理学范畴内,组织通常会指向一个人群聚集的实体,这个组织会有明确的发展方向或目标,帮助组织成员明确自身为何参与组织、如何融入组织工作或生活。一个清晰的使命阐释可以在组织成员意见相左的时候来纠正偏差、摒弃争议;一个良好的使命表述可以使非营利体育组织中的各种不同利益相关者在面对利益矛盾的时候进行调和。

(二)政府职能转变中我国非营利体育组织的使命

每一个组织都有它组建的初衷或目的,我国非营利体育组织也同样如此。一个组织的成立或创设,必须要回答几个问题:

第一,组织为什么存在?

第二,组织成立的目的是什么?

第三,组织服务的对象是谁?

第四,组织拥有哪些资源?

第五,组织能够长期存在并健康发展的关键因素有哪些?

在这些需要回答的问题中,最为重要的就是组织成立的目的是什么,即组织的使命。

1. 体育基金会的社会使命

体育基金会作为调节体育事业发展所需社会资源的重要"蓄水池",有着较为严密的组织体系和清晰的发展愿景。基金会成立的初衷通常是汇集社会的力量来集中解决一些或是社会问题,或是有代表性的个案。如姚明的基金会会把青少年的体质培养问题作为重点,中华全国体育基金会会把运动员退役后的关怀作为一个关注领域,劳伦斯体育基金则在全球范围内用体育文化来影响和帮助青少年形成正确的人生观和价值观。无论是关注某一个社会现象,还是关注个别的案例,体育基金会的社会使命就是通过体育来改变社会,或改变某一人群的社会认同,从而让社会更好地运转。

2. 体育协会的社会使命

我国的体育协会与西方国家的体育协会有着本质的区别。我国的体育协会源于政府事业单位,在社会转型和市场化的驱动下,各种体育运动项目单项协会开始剥离出来,成为有官方背景的民间组织。实现转型后的各种体育协会,尽管短时间内在资金方面仍然难以摆脱政府的持续投入,但完全社会化是其发展的必然。体育协会创设的背景有独特性,在社会使命上同样也与其他国家不同。

我国的体育协会与行业、项目、人群有着紧密的衔接,如火车头体协、篮球协会、老年体育协会等社会组织,目前这些组织基本实现了转型和改制,其社会使命也有了一些微妙的变化。但总体而言,各种体育协会的社会使命遵循着推广体育运动、改变社会居民的体育价值观,以改善人民体质为主要内容。

3. 群众性体育社团组织

群众性体育社团组织表现形态多样,既有以健身休闲为主要活动内容的体育组织,又有以竞技活动为主要内容的民间球队,还有以观赛为主要内容的球迷组织。无论是何种组织,都具有典型的自娱自乐性和互益互助性,这些社团组织的使命非常简单,就是在共同的活动中寻找独自行动所不具备的乐趣,在"抱团"活动中获得不一样的群体效果。这种效应往往会从参与者的乐群、归属方面体现出来。

二、非营利体育组织的人力资源管理

人力资源管理属于管理学范畴,是一个组织能否履行使命、实现奋斗目标的重要组织架构。

(一)非营利体育组织人力资源薪酬管理

在非营利组织领域中,人力资源管理是一个不可忽视的话题,很多人认为,非营利组织中的工作人员都是义务工作、志愿服务的,这种观点不完全正确。在许多非营利组织中,有专门的工作团队来负责组织的运转、社会服务项目的对接、组织成员的招募等一系列工作，这部分工作人员同样需要生存和发展，因此，会必不可少地产生报酬与成本。

与一般性非营利组织不同的是，非营利体育组织中大部分是自发性群众体育社团，只有少部分体育基金会、体育协会可以参照一般性非营利组织中的人力资源管理办法来进行相应的工作安排。而大量的自发性群众体育组织则很难涉及这些与报酬有关的管理内容。但需要指出的是，随着政府职能的转变，许多地方在向社会体育组织购买公共体育服务时，会产生相应的人员报酬，此时则需要对人员中的报酬问题进行设计和规划。

（二）非营利体育组织人力资源培训

在非营利体育组织运行过程中，各种形式的培训经常进行。培训可能来自于组织外，如官方为了更好地推动群众体育工作开展而进行的对非营利体育组织骨干的业务培训；也可能是组织内部组织的学习与培训，如重要成员学习新的运动项目或比赛知识。这种人力资源的培训为非营利体育组织的良好运行提供了重要的知识储备和行动力量。

三、非营利体育组织的监督与管理

从著名影星李亚鹏为先天唇腭裂患儿成立的"嫣然天使基金"爆出管理问题，到"壹基金"在四川雅安地震救助时的财务审计被社会质疑，引发了我国许多非营利组织方面的公信力问题。多地的"红十字会"等组织被"郭美美"绑架后，更是将我国非营利组织的社会公信力"打落谷底"。

非营利体育组织在运行过程中，同样也存在着因为监管不力导致的组织信任降低、组织成员流失等问题。某骑行社团是一个影响力较大的非营利体育组织，会员数量较多，管理曾经很规范，也会定期组织活动、开展培训、进行科学健身的指导等，受到很多人的欢迎。但是，经过一段时间发展后，管理团队开始接触一些宣传工作，最开始是与某商场联合做了一些营销活动，在骑行中穿戴和悬挂带有商场标识的服饰和旗帜，尝到了一些商业开发的甜头。但随着此类活动的增多，管理团队没有及时地将收支情况予以公布，结果使会员产生怀疑，有人在社团的讨论中发帖，认为队伍成了管理团队的招财树，最终导致了队伍的不稳定。

此类问题是当前非营利体育组织在发展中不可避免的一个公信力问题。做好运行中的监督与管理工作显得尤为重要。

四、非营利体育组织的营销管理

非营利体育组织的运转需要一定的经费支持和人力资源,因此在争取社会资源的时候自然需要通过能够扩大影响的营销思路来进行管理。

与营利性的企业不同,目前非营利体育组织在营销管理方面基本处于空白。主要是因为非营利体育组织更多的关注点落在促进居民健康方面,因此,很多人认为,关乎健康的事情无须营销,居民就会积极走出家门,走进各种体育社团组织,体育社团组织进行营销活动似乎没有什么必要。

从目前不同类型体育组织实际运行情况来看,越是规范发展的组织越需要营销管理工作。如体育基金会需要不断地通过营销活动扩大社会影响力和提升社会公信力,获取更多的社会资源、创造更大的社会效益;对于各种体育协会而言,科学的营销手段可以帮助协会获得更多的关注,吸引社会捐助;而对于数量更多的各种群众性体育社团组织而言,积极地进行社会营销可以提升组织的社会公信力,扩大组织规模,帮助组织规范发展,成为政府开展社会治理工作的重要合作伙伴。

第七章
政府职能转变中非营利体育组织发展的实证考察
——以河北省为例

第一节　现阶段河北省非营利体育组织发展问题的研究意义

河北省地处华北平原，西依太行，东临渤海，拱卫京、津，历史上是兵家必争之地，常被称作京畿要地，在和平年代则是重要的粮食作物产区。中华人民共和国成立以后，特别是改革开放以来，河北省经济发展迅速，人民生活水平不断提高，社会主义精神文明建设成绩斐然。

自京津冀一体化概念提出以来，河北省不仅在经济建设和社会管理方面与京津协同，各项社会事业也在对标京津。2017年4月，中共中央提出了雄安新区建设的计划，雄安新区的建设为河北省社会经济发展注入了新的力量。

在社会经济发展中，无论是政府公共服务，还是市场提供的有偿服务，终究无法覆盖社会需求的每一个角落，有许多事业需要社会力量的积极参与才能创造更好的社会效益，社会组织的价值由此得以体现。不同的社会组织在不同的社会领域中逐渐迸发出令人惊异的作用，如环保公益组织在政府环保部门监管力量不足的情况下积极参与环保治理，查处环保违法案件，推动清洁社会建设；各种义工组织成员利用自己的业余时间，积极参与爱老助残、维护社会公序良俗的志愿服务活动，让我们生活的社会环境更加和谐；而大量存在于居民身边的各种体育社团组织，也在积极发挥专业特长，为人们的健康生活创造良好的环境，并用体育所特有的能够对人的社会观和价值观进行培养的作用，影响着社团组织成员的生活态度和社会参与积极性。

2008年北京奥运会之后，我国开始从体育大国向体育强国转变，即更加重视国民身体素质的提升，而不是仅仅注重在国际大赛中获得金牌。在这一发展趋势下，各种群众体育社团组织获得了发展的大好时机，群众身边的广场舞社团、暴走社团、骑行社团、户外徒步社团等众多样态的社团组织不断发展，我们已经进入到一个全民健身的新阶段。

各种群众体育社团多是自发组织而成的，部分社团是由依托于企事业单位的爱好体育活动的小团体发展而来。因此，从性质上来看，这些社团均属于非营利体育组织。在社会转型期，国家对大众体育事业有着清晰的发展思路，那就是政府提供公共体育服务，市场提供有偿体育服务，帮助各种体育社团组织健康发展，即属于社会的归还给社会，属于市场的归还给市场，淡化政府"大包大揽"的传统管理，强化社会组织的功能发挥。在这一社会背景下，各种形式的非营利体育组织应运而生，成为群众体育事业发展的必然。

社会管理的转型是一条探索之路，如何在政府职能转变过程中使社会管理方式与社会发展相适应是一个社会命题。在全民健身深入推进之际，在群众体育事业的发展中，修订群众体育社团管理政策、促进非营利体育社团健康规范地发展无疑具有重要的时代意义。

第二节 实证研究的设计

一、实证研究的问卷设计

为了深入了解目前群众性非营利体育组织发展的情况，笔者在课题研究过程中设计了与非营利体育组织发展相关的问题，汇总成为调查问卷，对不同区域内多个非营利体育组织成员发放。问卷中设计的问题主要包括四个方面：一是调查对象的基本情况，二是调查对象参与社团活动的情况，三是调查对象所在社团的发展情况，四是调查对象对社团发展的认识和看法。

问卷在设计完毕后首先经过相关领域的专家对其内容效度和结构效度的测评，然后按照专家的意见进行修改，最后形成最终的调查问卷。问卷定型后首先进行小范围的信度检验，采用重测信度，随机选择20位体育社团组织成员进行问卷填答，隔两周后再次请这20名调查对象进行二次填答，经统计后证实重测信度较高，便予以采用。

二、问卷调查对象的选择

问卷调查主要面向多个非营利体育组织，其中包括骑行社团、徒步社团、公园健身社团（如广场舞、传统体育健身等）、户外运动社团（登山、穿越等），这些社团组织代表了目前我国大部分的群众性非营利体育组织。因为调查内容主要是针对非营利体育组织的管理工作，没有涉及调查对象对自己所参与的项目的相关调查，因此，在调查对象选择上可以面向多个社团组织，无须区别对待而设计专门问卷。

三、调查工作的实施

在实地调研过程中，笔者分别选择了河北省石家庄市长安公园、邢台市达活泉公园、邢台市七里河体育公园、保定市军校广场等多地的群众体育社团，以及经常活跃在石家庄市山前大道的骑行社团等。

问卷共发放 826 份，采用委托非营利组织负责人、调研团队等方式进行调查，回收 747 份，回收率为 90.44%，剔除填答不完整等无效问卷 33 份，最后获得有效问卷 714 份，有效率为 95.58%。

第三节 现阶段非营利体育组织发展实证调查与分析

一、调查对象的基本情况

（一）人口结构情况

1. 非营利体育组织成员的基本结构情况

表 7-1 非营利体育组织中年龄与性别情况（N=714）

年龄段	25 岁以下	25—40 岁	41—60 岁	61 岁以上	合计
女性	57	76	92	191	416
百分比	7.98%	10.64%	12.88%	26.75%	58.26%
男性	35	54	71	138	298
百分比	4.9%	7.56%	9.94%	19.33%	41.74%
合计	92	130	163	329	714
总百分比	12.89%	18.21%	22.83%	46.08%	100%

不同性别的人群参与各种社会活动的情况可以反映出一定时期的社会文化发展状况，例如，可以从女性参政的变化上探求女性社会地位的提升、女性参政权利的保证等社会问题。从上表中可以看到，在非营利体育组织的性别构成中，女性经常参加有组织的社团活动情况要好于男性，占到了58.26%，这说明我国的女性不仅仅在健康观念的提升上有了具体表现，还反映出女性的社会地位也得到了显著提升。另外，在调研中发现，男性的社会活动选择范围广泛，而女性则更注重家庭氛围的维护和营造，参与社会交往的选择相对较少，因此，更多的女性将体育休闲活动作为闲暇时间的重要选择之一。

据统计分析数据显示，随着年龄的增加，人们参与有组织的社团活动的意愿也越来越强烈。（如表7-1）统计表明，调查对象中25岁以下的青年人仅仅占比12.89%，25—40岁正是人们年富力强的黄金时期，因为忙于工作和开创事业，这个年龄段的人群不到调查总体的1/5。

随着年龄增长，健康问题逐渐成为人们关注的重点，同时，经历了多年的打拼和各种氛围下的社会交往，人们也开始追求更为简单的社会关系，没有名利之争的群众性体育社团组织便取代各种"老乡会""同学会""商业联谊会"等社会关系，成为许多人的精神诉求方式。从表7-1中可以看到，41—60岁之间的人在参与各种体育社团组织的数量上有了一定的提升。

参加体育活动需要有闲暇时间，特别是在参与有组织的社团活动时，闲暇时间则是一个更为关键的要素。从表7-1中不难看出，在以退休赋闲为主的61岁以上的人群中，能够积极参与社团组织活动的人占据了将近一半的比例。当然，这个年龄段的人群正在步入老龄，需要通过各种形式的体育锻炼方式来保证生活质量的提升，因此，在有组织的社团活动出现在身边时，他们往往很容易积极地参与进来。

2. 非营利体育组织成员的文化程度情况调查

表7-2 非营利组织成员受教育情况（N=714）

学历	小学及以下	初中	高中或中专	大专或大学	研究生及以上	合计
女性	53	89	91	156	27	416
百分比	7.42%	12.46%	12.75%	21.85%	3.78%	58.26%
男性	9	31	74	129	55	298
百分比	1.26%	4.34%	10.36%	18.07%	7.7%	41.74%
合计	62	120	165	285	84	714
总百分比	8.68%	16.81%	23.11%	39.92%	11.76%	100%

从表 7-2 中可以看到目前非营利体育组织成员的受教育程度，从数据可以看出非营利体育组织中的成员普遍具有较高的学历，考虑到调查样本中 61 岁老年人约占据样本总量一半比例的因素，上表中的数据所反映出来的教育程度越高，参与体育社团的积极性也越高的研究假设是成立的，即人们参与社团活动的积极性与受教育程度呈正相关。

3. 非营利体育组织成员的健康状况调查

表 7-3 调查对象的健康状况（N=714）

健康状况	非常好	较好	一般	较差	很差	合计
人数	401	172	97	44	0	714
百分比	56.16%	24.09%	13.59%	6.16%	0	100%

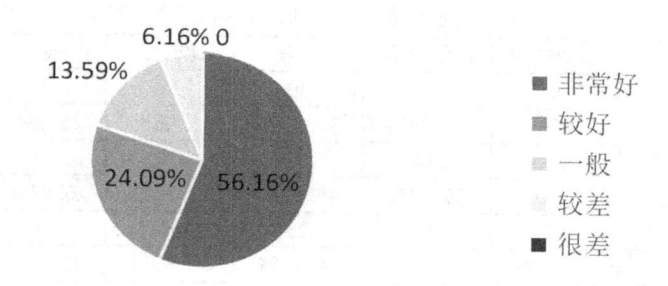

图 7-1 非营利体育组织成员健康状况

从上图很容易看出，经常参加各种体育社团活动的调查对象的健康状况普遍较好，其中有 56.16% 的人认为自己的健康状况"非常好"，有 24.09% 的人认为自己的健康状况"较好"，这两部分的调查对象占到了总数的 7 成，而回答"很差"的人数为 0。由此可知，参与体育锻炼毫无疑问对身体健康有着积极的促进作用，特别是经常参加有组织的各种体育活动将更好地提高自己的锻炼热情和锻炼频率，同时能够有效地提升自己的锻炼水平。下面的对非营利体育社团中的组织成员在体育认知方面的调查也验证了上述观点。

（二）非营利体育组织成员的体育认知调查

表 7-4 社团成员的体育健康价值认知调查表

价值认知	非常同意	比较同意	一般	不太认同	不认同
人数	562	152	0	0	0
百分比	78.71%	21.28%	0	0	0%

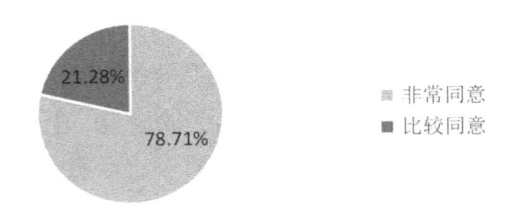

图 7-2 非营利体育组织成员关于体育对健康的认知认同度

从上图可知,调查对象关于体育对健康的认知情况表现比较一致,认为"非常同意"的占比为 78.71%,而"比较同意"的占比为 21.28%,其他选项均为 0。

(三)非营利体育组织成员的闲暇时间现状调查

表 7-5 调查对象的闲暇时间状况(N=714)

时间状况	非常充足	比较充足	一般	比较少	很少	合计
25 岁以下	0	21	30	17	24	92
百分比	0%	22.83%	32.61%	18.48%	26.09%	100%
25—40 岁	0	32	60	29	9	130
百分比	0%	24.62%	46.15%	22.31%	6.92%	100%
41—60 岁	19	47	23	36	38	163
百分比	11.66%	28.83%	14.11%	22.09%	23.31%	100%
61 岁以上	196	89	22	17	5	329
百分比	59.57%	27.05%	6.69%	5.17%	1.52%	100%
人数	215	189	135	99	76	714
总百分比	30.11%	26.47%	18.91%	13.87%	10.64%	100%

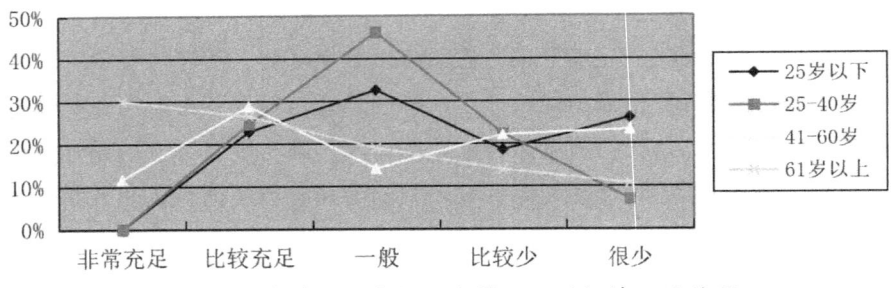

图 7-3 非营利体育组织成员闲暇时间情况统计图

从非营利体育组织成员的闲暇时间情况来看,年龄特点比较显著。25岁以下、25—40 岁的组织成员认为自己闲暇时间"比较充足"和"比较少""很少"的差距不明显;而 61 岁以上的人群则明显地表现为时间较为充裕，如认为自己闲暇时间"非常充足"的比例高达 59.57%，认为自己"比较充足"的占比 27.05%，占比接近九成。

二、调查对象参与社团活动情况

（一）参与社团组织的活动频率

表 7-6 调查对象参加体育社团活动的频率

参加活动频率	25 岁以下 百分比	25—40 岁 百分比	41—60 岁 百分比	61 岁以上 百分比
3 次以上/周	11 11.96%	42 32.31%	49 30.06%	177 53.80%
1—2 次/周	22 23.91%	49 37.69%	60 36.81%	89 27.05%
两三次/月	26 28.26%	31 23.85%	29 17.79%	36 10.94%
不固定	33 35.87%	13 10%	25 15.34%	27 8.21%
人数合计	92	130	163	329

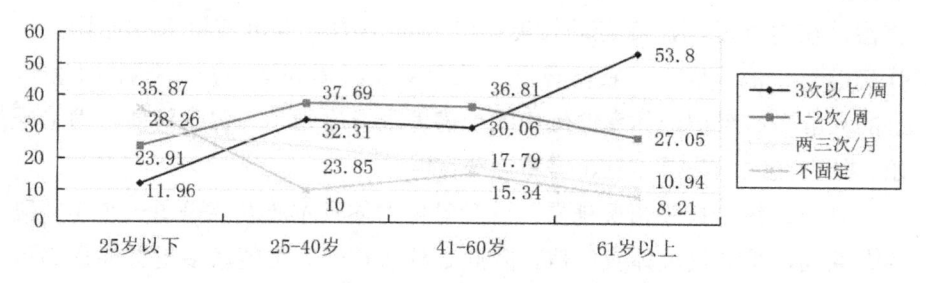

图 7-4 不同年龄段参与体育社团活动的比例（%）

根据调查情况来看，调查对象在参与社团活动频率上同样也呈现出年龄特点，从上面的曲线图可以清楚地看到，随着年龄的增长，非营利体育组织成员参与社团组织活动的频率也呈上升趋势，特别是 61 岁以上的人群，每周能够保证在 3 次以上的活动频率的比例达到了 53.8%。结合实地调研中的观察与访谈，发现随着年龄的增长，人们对于健康的追求也越来越强烈，自律性的体育锻炼便成为很多人的健身途径，尤其在有组织的社团中，人们的这种自律行为更加明显，因此，社团中有组织的体育锻炼对人们的健康有着显著的影响。

（二）参与社团活动的价值诉求

表7-7 非营利体育组织成员参与社团活动的价值诉求调查统计

价值诉求	25岁以下	25～40岁	41～60岁	61岁以上
强身健体	92	129	151	311
消遣娱乐	61	81	132	277
社会交往	42	77	51	296
提高运动技能	83	46	34	51
获得尊重	25	55	78	154

人们参与各种社会活动的这种行为是基于需求而产生的，在各种非营利体育组织成员参加社团活动的时候，同样需要价值寻求来保证参与行为。一般而言，人们参加各种体育锻炼的目的不外乎强身健体、消遣娱乐，或者为增进社会交往，获得他人尊重，或者为了提高自身的运动技能。不同年龄段的人群所追求的社团活动价值也有着不同之处。从调查结果来看，25岁以下的人群在参与体育社团活动的时候，其价值诉求排序为：强身健体、提高运动技能、消遣娱乐、社会交往、获得尊重；25—40岁的人群在参加体育社团活动时的价值诉求排序为：强身健体、消遣娱乐、社会交往、获得尊重、提高运动技能；41—60岁的人群价值诉求排序则为：强身健体、消遣娱乐、获得尊重、社会交往、提高运动技能；而61岁以上的人群在有组织的体育锻炼中的价值诉求排序则是：强身健体、消遣娱乐、社会交往、获得尊重、提高运动技能。

从上述统计排序情况来看，强身健体的体育本质功能是每一个年龄段的人共同追求的最大体育价值，除此之外，年轻人可能较多地关注提高运动技能，而随着年龄增长，社会交往、消遣娱乐、获得尊重则呈现升高趋势。这一现状与人们的体能状况和社会阅历有着直接关系。体能越好，关注个人技能的越多，而社会阅历越丰富，也需要在社会活动中增进与人的交流以及赢得他人的尊重。

（三）非营利体育组织成员参与体育社团活动的影响因素分析

调查中发现，居民在参加有组织的社团活动时，关心的问题有很多，会直接影响到他能否长期坚持参与，例如，是不是自己擅长和喜欢的、组织的领导团队的管理和技术指导水平如何、团队中成员间的关系融洽与否等（表7-8）。

表 7-8 影响非营利体育组织成员参加组织活动的因素

参加活动考虑因素	25 岁以下	25～40 岁	41～60 岁	61 岁以上	总计
与居住地方的距离	17	39	16	159	231
	18.48%	30%	9.82%	48.33%	32.35%
领导者的魅力水平	52	66	115	179	412
	56.52%	50.77%	70.55%	54.41%	57.7%
有适合自己的项目	84	97	122	301	604
	91.3%	74.61%	74.85%	91.49%	84.59%
社团中成员关系融洽	55	76	147	285	563
	59.78%	58.46%	90.18%	86.62%	78.85%
与组织有相同的诉求	43	57	118	251	469
	46.73%	43.84%	72.39%	76.29%	65.69%
注：各年龄段人数	92	130	163	329	714

从上表统计数据来看，对于影响非营利体育组织成员走出家门参加有组织的体育锻炼的影响因素，不同年龄段的选择也不一样。以 25 岁以下的青少年为例，这个人群认为，影响自己参加有组织的体育锻炼的主要因素从重要到不重要选择依次为：有适合自己的运动项目、社团中成员的关系融洽、领导者的魅力水平、与组织有着相同的诉求和期望、与居住地方的距离。该年龄段的调查样本为 92 人，以此来计算出不同选择的比例分别为 91.3%、59.78%、56.52%、46.73%、18.48%。25 岁至 40 岁的人群选择顺序与青少年基本接近，但比例有所不同。

而 41—60 岁的人群（样本量为 163 人）在上述因素的选择上则出现了一些变化，按重要性排序为：社团中成员的关系融洽、有适合自己的运动项目、与组织有着相同的诉求和期望、领导者的魅力水平、与居住地方的距离。比例分别为 90.18%、74.85%、72.39%、70.55%、9.82%。从选择内容上来看，这个年龄段的人更重视组织成员关系的融洽，也比较重视与组织发展有相同的诉求。

61 岁以上的老年人（样本量为 329 人）则更重视参加的社团组织开展的项目是否适合自己，对于安全的健身更为关注。同时，与居住地的距离也是他们重要的考虑因素，在不同年龄段中表现得最显著，接近一半的老年人表示重视。

整体来看，上述因素的重要程度依次为项目适合、关系融洽、诉求一致、领导者有魅力和水平、距离远近。因此，非营利体育组织在发展中需要考虑上述客观因素带给组织成员的影响。

三、调查对象所在社团情况调查

（一）所在社团的基本情况

1 关于社团组织的主要活动项目

因为调查所抽取的社团组织类型不能完全覆盖当前流行于群众体育活动中的所有体育社团，因此，在调查社团组织活动中的活动项目的内容时侧重实地观察和网络查询。目前的群众性体育社团组织既有正式注册登记的，又有各种自发性组织起来的、以自娱自乐为目的的草根组织，还有依托经营企业形成的非营利性体育俱乐部。依据活动空间进行划分，可以划分为近居住地的社团组织（如各种广场舞、秧歌、民族舞、传统武术、暴走团、跑步团、骑行社团等）和远离居住地的社团组织（如登山、穿越、溯溪、泛舟、骑术等各种户外社团）；如果根据年龄进行划分，可以划分为青少年非营利体育社团（如青少年体育俱乐部、轮滑社、跑酷团等）、中青年非营利体育社团（主要是适合这个年龄段的人群开展的徒步、骑行、户外、马拉松等社团）、老年非营利体育社团（主要是根据老年人生理特点开展的各种广场舞、传统体育、垂钓、陀螺、空竹、健步走等各种社团组织）。

2. 关于群众体育社团的类型调查

群众性体育社团组织已经成为当前体育领域的重要组织形式。在这些群众体育社团中，既有追求经营效益的各种健身俱乐部，又有各种自发的健身社团。在对社团类型进行调查的过程中，根据课题的研究初衷，调查主要面向各种非营利体育社团组织，但笔者在调查中发现，部分非营利体育社团组织正在分化，部分功能留在非营利活动，部分功能转向追求经济利益。例如，某一骑行社团依托于单车销售企业，在发展过程中一直保持较好的非营利特性，深受会员的欢迎，但会员人数形成一定的规模后，骑行团队就成了一个移动的广告舞台，于是，组织方开始尝试接受需要宣传的企业的邀请，在骑行活动或比赛中让会员穿着带有赞助商广告的骑行服，或者在单车上安装宣传广告的旗帜、标示等，结果原有的非营利属性逐渐消失。这种现状已经受到许多研究者和社会管理者的重视。对于收费性质的非营利体育社团的转向行为，需要采用市场化的管理手段由工商部门来进行管理。

3. 关于非营利体育社团的注册管理问题调查

我国在对社会组织的管理方面曾经颁布了很多条例和规定，如1989年10月国务院颁布了《社会团体登记管理条例》，1998年对这一条例进行修订；1998年10月国务院颁布《民办非企业单位登记管理暂行条例》；2004年颁布了《基金会管理条例》等。这些管理规定对各种社会组织的成立、运行、管理提出了要求。这些关于群众社团组织的管理政策在相当长一段时期内对国内社会组织的规范发展提供了指导，但随着我国社会主义精神文明建设的逐步推进，居民的结社意愿不断提升，结社的类型需求也日益丰富。

在群众体育领域中，国家的公共体育服务在现阶段远远不能满足人们对于体育健身需求的增长，而市场中的体育服务产品不能覆盖全部居民，由此出现的政府失灵和市场失灵问题急需社会力量如各种体育社团组织来解决。因此，各种各样的体育社团组织开始成立起来。但是，根据前面提及的相关管理规定，很多的自发性群众体育组织并不符合相关规定，无法完成登记注册，从法律上来讲属于非法组织，但又实实在在地在全民健身中发挥着作用。

从调查情况来看，关于调查对象所在社团组织是否经过注册登记的问题，回答无一例外均是"没有登记注册"。由此，我们不难看出，未来各种非营利体育组织的管理工作可能会面临挑战，即"非法组织""合法化"的问题如何解决。

4. 社团针对的群体情况

目前各种群众性体育社团的成员覆盖范围都很广，从少儿到老年，整个年龄段的人都可以参与不同的社团开展健身活动。但是从参与社团活动的客观条件和组织成员的主观意愿来看，成年人和老年人在社团活动中表现得更为积极，幼儿主要是在家长的安排下参加一些体育志愿服务社团组织的"寻宝""徒步""轮滑"等活动，而青少年则因为学习紧张，参与社团的时间相对较少，自身的意愿也相对较低。

5. 社团资金来源情况

从调查情况来看，绝大多数的非营利体育社团的经费由社团成员自己采用 AA 制的方式募集或集资而来，也有一些是所在区域内的企业给予的支持，特别是现在很多农村地区中的乡镇工业企业和私营企业比较发达，这些企业在获得经济利润后会拿出一部分资金回馈乡里，其中，支持各种形式的体育活动是这种回报的主要选择之一。在 2015 年秋，笔者前往河北省宁晋县黄儿营村进行调研，发现这种现象非常普遍。这个村子以电缆产业为主，年产值已经突破了 70 个亿，是一个不折不扣的新型农村，外来人口已经是本村人口的 2 倍，因此，为了更好地融合社会关系，黄儿营村会经常性地举办各种体育赛事，而许多企业非常乐意拿出一部分资金来支持。

目前，从政府支持方面来看，非营利组织所获得的资金基本为零，这主要是因为当前许多非营利组织还不具备承接政府的公共体育服务的功能。但是，在京、沪、江、浙、粤等地，已经有了非营利体育组织承接政府招标的各种群众体育活动或赛事的成功案例。这对于其他地区来说则是值得学习和推广的经验。

6. 办公或活动的地点情况

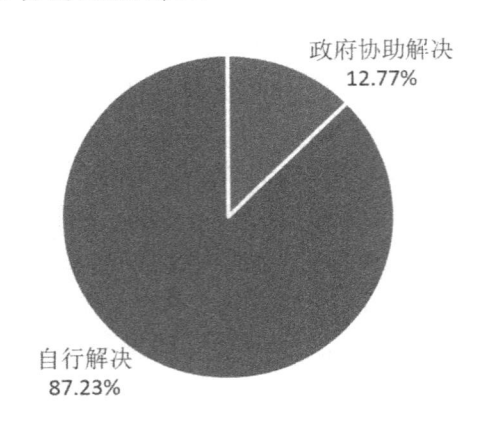

图 7-5 非营利体育组织活动场所解决方案

（政府协助解决 12.77%；自行解决 87.23%）

许多遍布民间的草根式非营利体育组织的主要活动内容是参加户外的体育运动，无须设置专门的办公室，但在形成一定规模的组织后，会有专门的办公地点作为联络、培训、开会、宣传等工作的中心。

各种非营利体育组织的主要活动内容是各种形式的体育锻炼，这就需要场地设施的支持。从目前来看,在场地设施方面,非营利体育组织无法自己划定活动区域和空间,更多的是在公共体育场地或公共资源的基础上开展活动。一些有专门管理机构的公园、广场、景区会通过专门的管理规定为非营利体育组织在本区域内的活动提供支持。如石家庄长安公园管理处为不同的社团安排了具体地点和时间段来开展活动,从而保障了更多人的利益。调查情况表明,有12.77%的社团组织由政府相关管理部门协调支持,如公园。而更多的则是由自己来解决活动空间问题。不过,在公共体育资源比较紧张的地方,许多体育社团在选择地点时会与社会有一些利益冲突,最为典型的就是广场舞扰民问题,为此,国家还专门出台了相关文件来规范管理。另外,因为人们体育健身的空间需求日益扩大,如不能及时给予有效引导,则会出现如洛阳广场舞老人围殴篮球少年、临沂暴走团快车道暴走引发交通事故的极端事件。

7. 社团活动的频率

社团活动的频率直接影响着社团组织对组织成员的黏性,即组织成员能否积极地参与社团召集的有组织锻炼活动。调查发现,当前非营利体育社团的活动频率与活动内容和活动群体有直接关系。对于一些出行距离较远的活动项目如户外的登山、徒步等,通常是每周或两周组织一次,而老年人群体经常参与的广场舞、秧歌、传统体育等项目活动则几乎每天都在开展。

(二)调查对象对社团的认识

非营利体育组织的成员对所在社团的看法决定了他参加社团活动的积极性,这种看法与前面提及的体育价值观不同,更加侧重于对组团锻炼的看法。调查显示,在714份有效问卷中,认为"社团可以结交有共同爱好的群体、促进交流"的有511人,占比71.57%;认为"参加社团可以获得更专业的体育运动指导"的有429人,占比60.08%;认为"社团活动加强了我参加运动的频率"的有607人,占比85.01%;而认为"社团是兴趣相投的人在一起的团体,对社团没有什么要求"的仅为134人,占比18.77%。从上述数据可以得知,非营利体育组织成员认为参与社团活动能够带动自身的锻炼热情,这种群体心理效应普遍存在于各种社会组织活动中,在群众性体育社团组织中尤其重要。

（三）非营利体育组织中成员对所在社团的认识情况

当前非营利体育组织的发展如雨后春笋般遍布各地，组织成员的稳定性是非营利体育社团能否持续发展的关键因素之一。表7-9为非营利体育组织成员流动性的调查统计。

表7-9 非营利体育组织成员流动情况统计

流动情况	非常稳定	比较稳定	不稳定
人数	103	397	214
比例	14.43%	55.60%	29.97%

从调查数据统计情况来看，目前非营利体育组织中成员比较稳定和非常稳定的占比共计70.03%，说明非营利体育组织开展的活动得到了成员的较高认可，但表示"不稳定"的约为3成。在进一步调查中发现，分别有"身体不适应""搬迁离开原来住址""团队中人际关系不睦""个人诉求得不到满足"等多种因素影响，造成了成员的流失。

对上述因素中的"团队人际关系"进一步深入调查，结果发现，当前非营利体育组织成员认为组织中人际关系"非常好"和"比较好"的比例达到了71.33%，而认为不好的仅有21人，占总调查样本的2.94%。非营利体育组织会遵循社团组织生态中的自我调节的规律，符合组织发展的将会维持下去，与组织发展相悖的如人际关系紧张等问题则会自然调节，最终留下的成员均为能够接受组织价值观的成员。

对"个人诉求得不到满足"进一步调查主要是为了了解成员所在社团的管理模式。调查显示，认为自己所在的非营利体育组织管理模式"很合理，井然有序"的有141人，占比为19.75%，认为"合理，能够满足个人需要"的有311人，占比为43.56%，认为"较合理，但管理有漏洞，有时会影响活动正常运行"的有172人，占比24.09%，而认为"不合理，管理漏洞多，活动混乱"的有90人，占比为12.61%。从数据统计情况来看，目前非营利体育组织在管理上存在问题的还有接近4成的比例，有必要在规范管理和科学发展方面进行改进，促进非营利体育组织的健康、规范发展。

四、调查对象对社团发展相关问题的认识

(一)参加社团活动时的心理体验

表 7-10 非营利体育组织成员参加组织活动的主观心理体验调查

项目	非常同意	比较同意	同意	不太同意	完全不同意
使自己锻炼更有趣	327	262	104	21	0
	45.79%	36.69%	14.57%	2.94%	0
可以消除生活中的孤独寂寞感	209	247	185	59	14
	29.27%	34.59%	25.91%	8.26%	1.96%
帮助自己改善锻炼习惯	259	308	116	24	7
	36.27%	43.14%	16.25%	3.36%	0.98%
让自己更好地坚持锻炼	361	194	147	11	1
	50.56%	27.17%	20.59%	1.54%	0.14%
更好地感受到群体归属感	291	302	89	32	0
	40.76%	42.30%	12.46%	4.48%	0
感到更加的安全	273	314	78	45	4
	38.24%	44%	10.92%	6.3%	0.56%
可以更好地科学锻炼	327	206	176	5	0
	45.8%	28.85%	24.65%	0.7%	0
可以展示自己的组织和运动才能	156	297	162	73	26
	21.85%	41.60%	22.69%	10.22%	3.64%

我们对人们参与群众活动的心理诉求进行分析的时候,通常会从乐群心理效应(在群体中获得快乐)、成就心理效应(在群体活动中感受到个人成就)、归属心理效应(在群体活动中寻找归属感)、领导心理效应(在群体活动中发挥领袖和主导作用)几个维度进行分析研究。在对非营利体育组织成员进行调查时,笔者设计了针对上述几个心理效应的问题,调查发现,非营利体育组织成员的心理诉求比较一致。

从数据统计来看,非营利体育组织成员的乐群效应体现显著。对于"在组织中活动使自己的锻炼更有趣"表示"非常同意"和"比较同意"的高达 82.48%;对于"可以消除生活中的孤独寂寞感"这个选项,表示"非常同意"和"比较同意"的也超过了 6 成。这说明,非营利体育组织的群体活动带给组织成员远比独立锻炼更好的心理享受,有利于调动成员社会交往的积极性。

在对非营利体育组织成员的成就心理效应调查时发现,对于在社团进行有组织的体育活动"可以帮助自己改善锻炼习惯"这个选项,表示"非常同意"和"比较同意"的分别为 36.27%、43.14%,二者累加达到了 8 成。

调查有组织的活动"可以让自己更好地坚持"问题时,数据显示,表示"非常同意"和"比较同意"的比例分别为50.56%、27.17%,二者累积也接近8成。由此可以判断,组织成员在参加有组织的体育活动时,成就心理效应显著。

笔者在调查非营利体育组织成员归属心理效应时设计了两个问题,第一是"更好地感受到群体归属感",第二个是"感到更加的安全"。针对第一个问题,调查对象认为"非常同意"的有291人,占总样本量的比例为40.76%,认为"比较同意"和"同意"的分别是302人和89人,占比为42.30%和12.46%,回答意向高度一致。针对第二个问题,表示"非常同意"和"比较同意"的分别是273人和314人,占比共计达到了82.24%,回答意向也同样高度一致。

在对非营利体育组织成员的领导心理效应的调查中,对于社团组织活动"可以展示自己的组织和运动才能"这一项,有156人选择了"非常同意",占比21.85%,297人选择了"比较同意",占比41.69%,162人选择了"同意",占比22.69%。从总数来看,较高认同度的比例不如前面几个心理效应调查数据高,说明在群众体育活动中,对领导心理效应追求的组织成员不是特别多,更多人的主要诉求在于如何更好地锻炼身体、愉悦心理、排遣寂寞、增进交流等。

(二)非营利体育组织成员对领导团队的满意度调查

表7-11 非营利体育组织成员对领导团队的认知调查

满意度	非常同意	比较同意	同意	不太同意	完全不同意
领导者在社团组织中作用非常重要	351	214	96	45	8
	49.16%	29.97%	13.45%	6.3%	1.12%
领导者需要具备良好的组织协调能力	318	209	143	42	2
	44.54%	29.27%	20.03%	5.88%	0.28%
领导者必须具有良好的运动技能	164	171	201	157	21
	22.97%	23.95%	28.15%	21.99%	2.94%
领导者对经费使用要及时公布	191	243	216	51	11
	26.75%	34.03%	30.25%	7.14%	1.54%

一个组织离不开核心和领导,在非营利体育组织中,通常是热心公益、乐于助人,同时拥有丰富的闲暇时间、较好的运动技能的人士发挥作用,维护组织的正常运转。在调研非营利体育组织健康发展问题时可以发现,

作为组织的核心成员,组织者的作用发挥对组织健康成长有至关重要的作用。

从上表可知,对于"领导者在社团组织中作用非常重要"表示"非常同意"和"比较同意"的共有 565 人,共占比 79.13%;对于"领导者需要具备良好的组织协调能力"表示"非常同意"和"比较同意"的共有 527 人,共占比 73.81%;对于"领导者必须具有良好的运动技能"表示"非常同意"和"比较同意"的分别为 164 人和 171 人,分别占比 22.97%、23.95%;在组织涉及经费使用时,对于经费使用的及时公开表示"非常同意"的为 26.75%,表示"比较同意"的占比 34.03%。

从上述数据我们不难看出,非营利体育组织中的领导者和组织者需要不断加强自身建设,从工作能力、工作热情、工作方式等方面持续提升工作水平,才能更好地带领整个组织向更高的目标前行。

(三) 非营利体育组织成员关于组织的健康发展的认识

表 7-12 非营利体育组织成员关于组织的健康发展的认识调查统计

项目	非常同意	比较同意	同意	不太同意	完全不同意
拥有社会体育指导员有助于组织发展	159 22.27%	237 33.19%	193 27.03%	94 13.17%	31 4.34%
政府必要的资金支持有助于组织发展	374 52.38%	165 23.11%	106 14.85%	69 9.66%	0 0%
必要的活动空间有助于组织健康发展	351 49.16%	184 25.77%	117 16.39%	62 8.68%	0 0%
新媒体(QQ、微信)增加了活力和便利	297 41.6%	208 29.13%	169 23.67%	32 4.48%	8 1.12%
组织成员的大力配合与支持是必要的	312 43.7%	195 27.31%	164 22.97%	43 6.02%	0 0%
组织发展应该有严密的管理规定和章程	228 31.93%	241 33.75%	152 21.29%	93 13.03%	0 0%
组织间的竞争有助于社团的健康发展	137 19.19%	164 22.97%	191 26.75%	149 20.87%	73 10.22%

作为社会团体的一种形态,非营利体育组织除自身建设之外还需要环境的支持,如政府必要的支持、社会体育指导员的进驻指导、活动空间的提供等。在进行调查时,针对这些问题,非营利体育组织成员在外界环境对组织健康发展的有利方面给予了较为一致的评价。

社会体育指导员是目前我国全民健身事业全面深入推进进程中的一支重要力量,这些拥有较高运动技能、丰富的指导教学能力的体育专业人员分布在城乡各处,在群众体育开展中发挥着重要的骨干作用。但在实地调研中,因为目前各种形式的非营利体育组织增长太快、太多,很多组织不能拥有社会体育指导员。调查显示,非营利组织成员都认为社会体育指导员对自己组织的发展有积极作用,如对"拥有社会体育指导员有助于组织发展"表示"非常同意"和"比较同意"的共计占比55.46%;在政府必要的资金支持方面,非营利组织成员都表示认可,选择"同意"以上的人达到了9成,这说明非营利体育组织在发展过程中还是需要一定程度的政府资金支持的。

在活动空间方面,目前非营利体育组织大部分都是自己解决的,他们会在公共体育场地或公园等有公共设施的地方,见缝插针地占据领地,由管理方做出统一调度,保障公平地对待有需要的各种体育组织活动。但是,客观上,我国大众体育对公共体育场所的需求快速增加远远超过了基础体育设施建设的增长幅度,也正因如此,导致了许多因为运动场地的争夺而引发的社会热点事件。在调查中,同样超过了92%的调查对象认为必要的空间对非营利体育组织的发展至关重要。

今天我们的非营利体育组织相对于过去依托企事业单位的工会机关来说已经有了全新的变化,特别是在人口流动不断加剧、原来"单位人"变为"社会人"的大背景下,人们之间的联系变得松散了很多,但是,随着移动互联网络的迅速推广,利用新媒体来交流和沟通非常方便。在非营利体育组织的发展中,这种网络沟通方式的确产生了巨大的促进作用,如在户外运动论坛中,随便一个召集帖子就能召集一群爱好者在约定的时间和地点一同行动。笔者在调查中发现,对"新媒体(QQ、微信)增加了非营利体育组织的活力和便利"这一项,表示"非常同意"的占比41.6%,表示"比较同意"的占比29.13%,表示"同意"的占比23.67%,三者相加达到了94.5%。

一个非营利体育组织的发展离不开组织成员的凝聚力和向心力,因此,组织成员在组织活动时的大力配合与支持也是必要的,对于这一假设,在调查对象在问卷回答中也表现出高度一致,认为"非常同意""比较同意"和"同意"的比例接近94%。这说明非营利体育组织成员都认为自己应该积极配合与支持组织活动,更说明现阶段的非营利体育组织发展有着良好的群众基础。

非营利体育组织从其本质上来看是一个聚集体，应有着其基本的组织体系，从领导机构到管理规定，需要有明确的制度约束。但是，我国当前绝大多数的非营利体育组织属于草根型体育组织，通常会口头约定需要遵守的组织规定，这就决定了这些草根体育组织的结构具有松散的特性，不利于未来的健康发展。特别是在当前许多地方正在试水政府采购的形式向社会组织购买社会服务的情况下，没有规范发展的非营利体育组织将不具备优势。在调查中发现，虽然目前松散型的非营利体育组织占多数，但组织成员普遍认为应该有比较严密的管理规定和章程。

非营利体育组织的形态多样，彼此间也存在着竞争，这种竞争主要是为了吸引组织成员、占据活动空间等。无论是什么样的竞争，都将对非营利体育组织的发展产生促进作用，如果发展不理想，很难保证会员不会流向其他的组织。在调查中也发现，在组织间的竞争有助于体育社团的健康发展问题上，接近 7 成的人表示认同。

第四节 河北省非营利体育组织健康发展途径

从上述调研情况来看，目前河北省非营利体育组织呈现蓬勃发展的态势，在丰富城乡居民闲暇时间的精神文化生活方面发挥着重要的作用，同时在正确地引导人们选择健康生活方式和树立健康价值观方面已经产生了积极影响。

一、变"管理"为"服务"，推进政府职能转变

作为全民健身计划全面推进过程中的基层"毛细血管"，各种类型的非营利体育组织的发展需要不断吸收营养，这种营养可以是政府的政策、资金、场地资源的支持，也可以是从服务的角度积极地对非营利组织骨干团队进行的培训，或者是通过宣传来推广某一个发展规范、影响广泛的非营利体育组织。无论是哪种形式的营养供给，都需要在政府的积极创新管理中得以实现。

原有的社会团体在管理上需要遵循相关规定，社团组织的人数规模、注册资金、办公地点等，需要有一个明确的约束条件。而事实上，众多的非营利体育组织无法实现这些约束条件。在这一现状下，许多地方采取了变"注册制"为"备案制"的方式，灵活地处理了非营利体育组织的管理

问题。由此一来，许多不具备注册资质的群众性体育社团组织可以获得合法的身份，进而在参与社会治理中发挥更大的作用，而不是仅仅局限在自娱自乐的小范围中。

在群众体育的管理方面，我国政府积极推进的简政放权政策正在逐步落实，而对于非营利体育组织的建设与发展，并非是"放而不管"，仍然需要多部门协调发力，在管理模式和服务模式上创新工作思路，打破原有的管理桎梏，用积极的服务工作推进非营利体育组织的建设与发展。如可以大力培育全民健身指导员队伍，服务非营利体育组织，也可以从非营利体育组织中的骨干力量着眼，发掘、培养、授予社会体育指导员称号等，指导、鼓励自发性群众体育组织发挥更大作用，从而从数量和质量上来弥补政府公共体育服务的刚性不足；对于已经形成规模和影响的非营利体育组织，则要多方创造条件，赋予他们更多的社会价值体现机会，激发各种群众性体育社团组织的活力。

从"管理"向"服务"的转变需要政府部门的管理人员从根源上转变思想，俯下身子，亲近群众，不再坐等群众上门来进行登记备案，而是要主动地走入健身的人群中，去发现、去倾听群众对服务工作的意见和建议。对于已经形成规模和影响的非营利体育组织，要上门服务，完成备案登记，从中发掘群众体育中各种有利的因素和骨干力量，为本区域内全民健身的全面发展创造环境。

二、加大公共体育投入，建设场地设施、营造良好发展氛围

各种群众性健身活动都需要一个宽广的活动空间，我国当前的城市寸土寸金，土地资源紧张，要扩大城市居民的活动空间，改善基础的健身场地设施条件，则需要城市的管理者积极谋划，科学规划，精心施划，营造便于城市居民的城市健身圈。积极开创各种交通条件，采用便捷的交通方式，帮助有需要的群众快速、便捷抵达周边的体育锻炼设施场地。如石家庄不仅在市区内建设了遍布城区各个角落的健身公园、广场，而且在环市区的水域周边建设了一大批游园、体育场地等，从总量上已经有了非常大的飞跃。在开放周边体育设施之后，协调公共交通、管理服务等相关部门，要让群众都能便捷抵达，而不是仅仅把城市周边的诸多健身场所作为一个城市的形象，或者仅仅是为能够骑行自驾抵达的健身群众开辟的专场。

在广袤的农村中，尽管近年来随着新农村建设不断推进，乡村面貌焕

然一新，但是，许多村落的健身广场设施单一，普遍是健身路径加广场的模式。这种现状限制了农村居民的各种组织活动的开展。因此，仍需要在农村体育的发展方面加大投入，为农村居民的体育组织发展创造条件。

三、扶持规范发展的非营利体育组织，塑造模范和标杆

在众多的非营利体育组织中，有的组织存在多年，用明确的制度或共同遵守的约定来维系发展，有的则由于制度松散、成员变动频繁而最终解散。这些不同形态的非营利体育组织在居民体育健身中大量存在，在任何一个公园都能找到。对于全面健身计划的推进而言，各种非营利体育组织是全民健身计划深入推进的重要途径，也是向机体各部位输送营养成分的毛细血管。健康发展的非营利体育组织可以更好地发挥输送营养的作用，而不能持续健康发展的则难以实现其基本的社会功能。有部分非营利体育组织在管理和服务方面存在方式简单，仅凭组织者的个人喜好等进行决策和经营，结果导致迅速消亡。这种问题直接影响到健身群众的锻炼效果和对体育价值的认同，甚至会演变成一些小范围的群体事件，直接影响到非营利体育组织的社会公信力。

此外，还需要防止非营利体育组织向营利化转变，运用行政管理的方式予以市场约束，如前面曾经提到的某骑行社团，在规模和影响扩大后开始向营利化和企业化发展，这时的非营利体育组织往往会面临着组织成员的重大信任危机。因此，在非营利体育组织发展过程中，有必要从管理者和组织者的意识培养、观念塑造方面，保证非营利组织的基本属性不变。

还有一些群众健身方式存在与我们倡导的社会主义价值观不符或相悖的现象，则需要管理机构及时进行约束或取缔，避免产生更大的不良社会影响。如曾在郑州风靡一时的"尬舞"，其本身最初也是一种锻炼方式，但这种锻炼方式迅速以引爆眼球的"网络直播"方式演变成一种许多人认为"丑恶"的现象，最终迅速消亡而退场。

鉴于以上所述，在非营利体育组织的发展中，需要从外界环境进行干预和引导，特别是在非营利体育组织发展已经成为当前全民健身中的重要组织形态的现在，有必要扶持一批发展规范的非营利体育组织，塑造模范和标杆，用规范的管理约束组织的健康发展，发挥更大的社会效益。

四、创新社会治理理念，倡导公民社会建设融入体育组织活动

我国的社会治理正在进入深水期，不同的社会主体共同参与治理，

呈现百花齐放的良好态势。从各种志愿服务组织深入社区扶危助困、尊老爱幼，到众多的专业技术团队服务居民的科技、文化的推广工作，再到各种有着体育技能专长的非营利体育组织在群众健康观念传递中发挥巨大作用，无不体现着各种社会组织在创新社会治理中的重要作用。

《"健康中国2030"规划纲要》对我国居民的健康事业做了精心的筹划与设计，其中体育在健康管理中的基础作用直接关系着我国居民的基本体质状况和健康中国计划的顺利实施。

当前倡导的公民社会建设需要越来越多的群众组织的参与。在非营利体育组织的运行中，组织成员积极参与的行为对自身的健康状况改善有很大影响，对自身的健康观念形成也有着促进作用，更重要的社会意义在于通过有组织的活动倡导了积极的社会规范，对组织成员的社会认同形成与成员间的和睦团结有着重要的价值。各种非营利体育组织的正常运行可以促进和谐社会建设，促进社会主义精神文明建设。这些作用的发挥需要每一位参与者的公民意识不断加强，因此，在非营利体育组织建设与发展中需要大力提倡公民社会意识，引导群众把公民意识培养融入体育组织的活动之中。

五、创新驱动，有序推进政府购买非营利体育组织服务

全民健身计划在今天已经产生了深远的意义和影响，这一关乎国民体质健康和伟大民族复兴的国家战略在深入推进的过程中，需要充分调动各种社会资源，发动一切积极的社会力量，为居民的健康生活方式和终身体育意识的形成营造良好的氛围。但是，我国目前仍然存在各种因为资源分配的不均衡、不合理，而导致的公共体育服务的效率未能发挥到最大的现象。直接表现为政府提供的公共体育服务不足和不均衡，无法充分满足我国居民快速增长的休闲健身需求和不断追求的健康生活的美好愿景。

分布在居民身边的众多的非营利体育组织拥有巨大的人口基数，也拥有许多有体育指导和管理能力的热心人士、专业技术人员，他们事实上正在帮助政府提供大量的公益性体育服务。但由于多种因素的存在，大部分的非营利体育社团组织不能得到政府的精准扶助，结果难以创造更大的社会福利和效益。非营利体育组织在发展中，同样需要政府的各种服务，如在资金的支持方面。

从社会资本的角度来看，非营利体育组织的活动可以作为一种社会资

源,享受各种政府的转移支付政策,例如,许多地方正在尝试采用转移支付的方式从这些非营利体育社团组织中购买体育服务,这样做的最显著优点主要是政府提供公共体育服务产品的压力减轻以及体育社团组织的生存能力提升。需要指出的是,提供体育服务的非营利体育组织需要具备较高的公信力,政府的购买程序应当合法合规,同时需要完善科学的评价标准或体系,确保政府购买非营利体育组织服务的有序推进。

案例:

长安公园舞蹈队访谈记录

长安公园舞蹈队是一个存在4年多的比较大的社团组织,经常参加活动的大约有100人左右,主要组织者是一位原河北省歌舞剧院的退休舞蹈演员,有几位热心的市民辅助组织。他们每天都有活动,在场地的问题上,公园管理方负责协调。每天活动的地点先是人民会堂北侧的空地,上午8:30左右改为公园东门内的小广场。

访谈对象为一位姓丁的阿姨,因丁阿姨负责音响设施的操控工作,所以访谈在舞蹈休息间隙进行。

王:阿姨您好,您这个社团叫什么名字?

丁:名儿?没有什么名字,大家都来这儿锻炼,不用名字。要是有,就叫长安公园舞蹈队吧。

王:您这个舞蹈社团的成员都是什么人呢?

丁:大部分是退休的,因为闲工夫比较多。

王:咱们这个社团活动的内容是什么?

丁:主要是民族舞蹈,也有一些跟着音乐走模特儿步的,反正聚在一块儿,氛围特别好,也就更愿意出来锻炼了。

王:你们这个社团需要收费吗?

丁:收一点费用,每个人每月交5块钱,主要用于这些设备的购买和维修保养,别看钱少,不是每个人都能积极地交,还有一些人不能主动缴纳,所以不够的时候我们几个人就一块儿凑。

王:您这个活动的地点是自己找的吗?

丁:不是。这得感谢公园管理处,看我们人越来越多,就给划定这块地方,但一会儿(8:30)我们还要搬家,换到东门那儿去,这块地方给别人开展其他活动。

王:您感觉影响会员们出来参加活动的因素有哪些呢?

丁:首先他得有工夫(闲暇时间),第二要有热情,愿意出来一块儿活动活动，第三是家里人支持，你看俺们这帮老姐妹，家里都支持，这样就不会把更多的家务压到俺们身上，俺们健康了，也能给家里多做贡献，少添麻烦。

王：在路途远近上，会不会对会员有影响？

丁：会有一点儿，但不是主要的，俺们这还有坐一个多钟头的公交车来的人呢，住在藁城（原为石家庄市东部的一个县级市，2015年成为石家庄市的藁城区）那边的开发区。

王：您感觉政府这块儿，还应该给予哪些支持呢？

丁：我觉得现在我们的影响也比较大，都是给老百姓做工作的，在用电、划定地方等方面还是需要一点儿支持的。另外，我们也愿意参加社区里的各种活动，如果有一些比赛或大活动，希望能给我们一点展示的舞台，让大家也表现一下。

根据访谈录音整理。

图 7-6 石家庄市长安公园舞蹈队活动现场

图 7-7 上图为石家庄市长安公园老年秧歌队活动现场

（图片为现场拍照，征得个人同意后使用）

第八章
非营利体育组织可持续发展问题

第一节　现阶段非营利体育组织发展中面临的问题

一、立法滞后，管理制度已经不适应当前非营利体育组织发展的需求

我国对社会组织的审批在较长一段时期内都比较严格，目前的依据主要是1998年颁布的《社会团体登记管理条例》，该条例在2016年进行了修订，但在社团管理的内容要求方面并未体现出更大的灵活性。例如，在社团成立的基本条件方面，新修订的条例的第十条仍然规定，需要有50个以上的个人会员或者30个以上的单位会员；要有规范的名称和相应的组织机构；要有固定的住所；要有与其业务活动相适应的专职工作人员；要有合法的资产和经费来源，其中地方性的社会团体要有3万元以上的活动资金等。这些规定制约了各种非营利体育组织的合法化发展。1998年颁布实施的《民办非企业单位登记管理暂行条例》也对社会团体的登记有详细规定，其中第八条规定，申请登记民办非企业单位，应当具备下列条件：经业务主管单位审查同意；有规范的名称、必要的组织机构；有与其业务活动相适应的从业人员；有与其业务活动相适应的合法财产；有必要的场所等。

从上述内容中不难发现，当前我国有一些群众性非营利体育组织是不具备获得合法身份的条件的，这就意味着这些组织无法获得社会捐赠、政府采购、专业培训等各种社会资源，只能依靠自身的力量随遇而安，随波逐流，可持续发展能力薄弱。

为了解决这些问题，许多地方都开始了对基层社会团体建设的新探索，

如尝试在社区中用"备案制"的方式加强对基层社团组织的管理和帮扶,其中自然也包括非营利体育组织。湖北省在2010年颁布了《湖北省武汉市城市圈社区社会组织备案工作暂行办法》,作为地方性的管理规定,其在群众性社团组织的管理和服务方面,与前面两个全国性法规条例相比灵活性增加了很多,如备案的社会组织不需要具备法人资格,街道办和乡镇政府即可开展所管理属地的各种社会团体的备案登记工作。

从上面述及的湖北省政策变化可以看出各地政府正在积极地在非营利体育组织的合法性上进行摸索和尝试,以求适应我国社会团体的发展现状。

二、管理松散,组织随意性强,不具备可持续发展的结构性要求

如若遵照政府颁布的社团管理相关规定,则需要稳定的组织结构和明确的组织章程。但事实上,绝大多数的基层非营利体育组织是以草根组织形态出现的,仅有一个或几个热心骨干,有一些口头遵守的承诺和约定,从组织形式上很难达到相应规定的具体要求。特别是一些随机组织起来的小型团队,成员只是因为有着相同的爱好或喜欢的运动项目而聚拢在一起,这些组织有时连组织名称都没有。(这种形态的组织也特别多,仅以石家庄长安公园中锻炼的各种群众体育组织为例,经常在此活动的数十个比较稳定的团队中有大约一半的组织没有社团名称,笔者在调研中问及所属社团组织的名称时,经常有不同组织的成员临时冠以"长安公园"某某队的名字。)

这种组织的领导机构不健全,规模较小的没有明确的组织团队,规模较大的有时虽然有组织团队,但成员一般是发起人或者技术骨干,在没有组织成员的积极参与的情况下,组织的决策和运营将会缺乏监督。在一些非营利体育组织中,领导机构成员可能兼任社会体育指导员,在没有组织成员参与制定发展意见和决策时,这个组织将演变成为与之相近的业务主管部门的"下属",从而失去组织发展的独立性和自主性,也就弱化了发展的内在活力与动力。

从监督制度来看,组织结构简单或没有组织结构内容的基层非营利体育组织由于自身治理机制的不完善以及外部监督机制的不健全,可能会出现组织使命背离成立初衷的情况,甚至出现组织者不顾组织成员意见一意

孤行，损害组织成员利益的情况。在调研中发现，许多非营利体育组织刚开始时因为受到追捧而壮大，但很快会因为这些问题而失败，从而难以实现持续发展的目标。

三、经费紧张，缺少活动空间

虽然改革开放以来我国的发展成就举世瞩目，但我们依然面临着现阶段的主要矛盾，即经济社会发展水平仍然难以满足居民精神物质需求快速增长的矛盾，群众体育领域同样如此。非营利体育组织开展活动必须具备两个条件，一是必需的经费支出，二是必要的活动空间。

在资金支持方面，国家每年都会投入一定比例的资金用于群众组织的活动开展，一般情况下会拨付到街道办和社区居委会，用来支持社会组织承接政府公共服务。这种方式是我国政府职能转变中公共服务提供的重要途径。但是，由于政府资金支持有限，大多数的社会组织不能获得足够的发展资金。同时，我国的政府购买尚属于探索阶段，在政策扶持、税收优惠等方面均存在很多亟待解决的问题。从下表中美英和我国香港地区政府购买公共服务模式对比中，不难看出，多国或地区政府在购买社会服务时往往会将扶危济困、关注老人儿童等内容的社会服务作为主要投入点。我国在购买社会服务方面的关注点同样如此。

而作为精神文化服务提供主体的各种非营利体育组织，在这一形势下则更不具备竞争公共服务资金支持的优势。因此，在群众性体育活动的开展中，政府更多的是在基础设施建设、健身设备采购与安置等方面做出预算，在群众性体育活动开展方面则由各级体育管理部门做出专项支持。相比金牌战略，虽然各级地方体育管理部门在群众体育方面的重视和投入正在转变，但已经滞后于群众体育需求的实际增长。对于各种非营利体育组织，各地已经开始了一些有益的探索，并积累了经验。但总体来看，缺乏资金支持是当前非营利体育组织发展的一个重要影响因素。

表 8-1 美国、英国、中国香港特区政府购买公共服务模式对比表

国家地区	购买方式	购买范围	运作方式	监督方式
美国	1. 合同出租 2. 公私合作 3. 使用者付费 4. 补贴制度	养老服务、医疗服务、民事纠纷调节、青少年服务、解决社区问题、无家可归者等	1. 政府与私营机构、非营利性组织签订"购买服务合同" 2. 由政府提供资金，社区非营利组织承包服务，社区委员会监督服务 3. 竞争机制、盈利组织和非营利组织并存	政府大多采用分期付款，监督重点不在预算上，而是在项目的质量上
英国	同上	医疗、教育、失业等	服务承诺制度，政府部门指定标准，通过投标和合约的方式交由志愿机构或者私立服务机构承担	政府行政监督的制约和全面的信息公开机制，由国家志愿组织委员会（NCVO）作为第三方参与管理，监督双方
中国香港	同上	幼儿、青少年、成人到长者，包括残疾人士、长期疾病者、就业困难人士、受到困扰的妇女、新来港人士等，几乎涵盖了市民生活的每个层面	官办民营，政府负责规划，提供经费和监督，民间组织负责经营和运作，他们是合作互动关系	1. 规定各方角色、责任和标准，并具有强制效力 2. 规定具体指标以便于监督 3. 服务质量评估，服务单位每年一次自估并再由社会福利署进行评估

资料来源：政府购买社会服务之广州篇："跃进"背后的隐忧 南方都市报 2011年11月14日 http://city.sina.com.cn/focus/t/2011-11-14/104324657.html。

在群众体育开展所必需的场地设施方面，则显得更为局促。我国本来就是一个人口大国，中东部地区人口密度非常高，尤其在城市化进程不断加快的今天，城市市区面积快速扩张，人口不断涌入。城市化直接导致了社会公共资源的分配紧张，虽然我国在城市化发展中越来越重视绿地空间等公共区域的布局和设计，但仍无法满足人们对活动空间的要求。以曾经爆发篮球少年与广场舞老年人争抢场地事件的河南省洛阳市为例，该市体育场馆共计 8 721 个，2016 年常住人口达到 680 万。按照我国经常参加体育锻炼的人口比例 33.9%计算，平均下来，264 个人共用一块场地，可见配套不足的严重程度。目前许多公园、广场、小区空地都被一些群众性体

育社团组织迅速占领（有一定人数规模的团队会把单个或力量更小的团体挤出），甚至许多暴走团、骑行俱乐部等占用了很多城市的道路资源。近年来见诸各种媒体的广场舞大妈与周边居民的冲突不断、暴走团和自行车运动爱好者团体占用公路引发交通事故等层出不穷的各种案例，说明当前我国大众体育发展不易。对于活跃在基层的各种形式的非营利体育组织而言，没有资金支持还可以依靠自身，但没有活动空间则无法持续。

四、发展不均衡，城乡间差距显著

我国非营利体育组织的发展主要存在城乡间发展不均衡的问题，且差距明显。在城市中，各种社会资源相对丰富，无论是公园广场等基础设施资源，还是社会体育指导员、有较高文化水平的组织者等人力资源，都相对密集，这便于各种形式的组织活动广泛开展，也便于政府对各种社会组织的监督、管理、服务。但是在广袤的农村，众多社会组织的触角很难延伸并覆盖所有的村落和乡镇，非营利体育组织也是如此。

目前农村较多的群众性体育活动以广场舞和健身走为主，广场舞的开展通常是在村子中找一个较为宽阔的地方，如村委会大院、村小学操场等地方，而活动的组织者也往往是比较热心的爱好健身者，先从网上学习健身活动的项目内容，再传授给周围村民。而健身走的活动则不需要组织发挥作用，通常是三三两两或独自行动，围绕村子或在田间小路上进行健身活动。而参与者也主要是中老年人，青壮年则因为农闲时节忙于在附近或外出打工，很少有时间参与健身活动。这是当前农村中的普遍现状，但也有例外。在一些经济发展较好的乡镇，乡镇企业或私营企业聚集形成新型的工业园区，这些区域中的人们对于有组织的健身活动相对较为热衷，也容易形成各种组织形式。如河北省宁晋县是我国著名的电缆之乡，其中有一个黄儿营村，本地人口仅有不到 8 000 人，但外来人口却接近 2 万人，因为有这些乡镇经济实体的存在，黄儿营村有着多种非营利体育组织，如广场舞队就有十几支，企业中还有篮球俱乐部、乒乓球俱乐部等多种体育社团组织，这种乡镇经济发展水平较好的地方人才相对聚集。非营利体育组织发展较好的地区还有很多。

尽管有一些乡镇中的非营利体育组织发展已经具备了一定水平和规模，但从整体来看，与城市中的非营利体育组织的发展情况相比仍然存在巨大差距。差距主要体现在组织成员的参与积极性、组织中人力资源、地方政府的支持力度等方面。

五、骨干力量薄弱，非营利体育组织发展的动力不足

非营利体育组织的管理者或管理团队的专业能力和素养对于组织发展有着重要的引领作用。在不同形态的非营利体育组织中，管理者通常是热心公益事业、乐于用自己的专长来服务大家的人。但是，对于一个需要规范管理和持久发展的组织而言，仅仅有热情和热心还远远不够。

在一些正式的或规模较大的非营利体育组织中，团队骨干相对于小型组织而言通常会有比较专业的业务能力，组织发展也有着较为明确的章程和组织使命来维系组织成员的稳定性。但此类组织在整个非营利体育组织中比例很低。大部分的组织是随意性较强的基层自发性体育社团组织，组织的领导者或骨干成员仅仅有热情和爱心，但专业能力和组织领导能力都不出色，因此在组织的发展中，这些骨干基本上是依靠个人喜好和长期积累的锻炼经验来进行管理的，对组织内的事情一般进行随机性处理，很多时候会引发组织成员的质疑和不信任，也就很难保证组织的稳定性。

对于近年来盛行的户外运动组织而言，组织中的骨干力量则关乎组织成员的生命安全。从媒体报道的层出不穷的户外遇险事件的原因分析中不难判断，户外运动组织中的骨干成员的专业知识和户外经验非常重要。如陕西的"鳌太线"穿越、北京周边的野长城穿越，都曾经给户外运动带来数十人的伤亡教训。其中，穿越团队组织骨干自身的能力是一个很重要的因素，必须引起重视。

第二节 非营利体育组织发展的制约因素

一、我国处于公民社会入门阶段

在全球化的背景下，公民社会是一种潮流和趋势，而我国在与公民社会相关的问题上还要有一个清醒的认识，目前我国还没有形成真正意义上的公民社会。《中国公民社会发展蓝皮书》提到，在汶川大地震发生后，有几十万的志愿者以及民间组织参与到了抗震救灾工作之中，他们为抗震救灾工作做出了重要贡献，他们的事迹让我们感受到了公民社会的存在。不可否认，在我国，公民社会正处于起步阶段，这得益于我国政府不断深入推进的政府职能转变，使得社会组织在社会运行中的作用发挥不断凸显，

得益于我国民众参与社会治理的意识不断加强，也得益于我国群众性非营利组织的快速发展。但是，客观来看，我国的公民社会和国外已经处于成熟阶段的公民社会相比还具有非常大的差距，发展空间还是很大的。汶川地震对于我国建设公民社会来说是一个重要的转折点，来自民间的组织越来越多，他们也承担起了更多的社会责任，我们也应该努力去寻找、探索一条与我国国情相符的公民社会发展之路。

二、自发性群众体育组织占有较少的社会资源

群众体育组织在发展过程中会遇到人力、财力、物力不足的问题，软件与硬件条件的不足可能对基层体育组织的数量产生很大的影响。在对自发性群众体育组织进行政府支持的相关政策都还停留在理论上，而没有付诸具体的行动。

自发性群众体育组织在民间是广泛存在的，从成立之初就一直坚持自主、自愿的原则，非正式小团体特征明显。随着自发性群众体育组织在规模上不断扩大，组织成员日益增多，活动开展已经具备一定的规律性以及日益健全的规章制度，促使很多组织者有了扩大本组织规模的想法与愿望。然而这一美好愿望的实现也面临着很多的困难，例如：是否有赞助者来保障活动场地与活动频率的稳定性，是否有专业的管理员来对组织进行运营；要组织参与业余联赛，以提高组织知名度。

三、自发性群众体育组织离不开政府全民健身体系的支持

群众性体育工作在我国开展离不开国家的全民健身工作体系的支持。全民健身工作属于政府行为，而自发性群众体育组织属于社会行为，前者是由上自下，后者是由下自上。前者为后者提供充分的政策支持、相关措施以及各种场地设施，为后者的活动开展提供便利，现阶段，后者对前者还比较依赖。换个角度来说，要将全民健身体系充分利用到自发性群众体育组织服务之中，使其朝着组织化、科学化、规范化、规模化的方向发展。

只有具有生命力的组织才能实现长久的发展，当然，外界环境的影响对组织能否长久发展也具有重要的影响。自发性群众体育组织的参与人群非常广泛，可以说是涉及了各个行业，同时其与各类大众健身组织相互交叉、融合。这些组织之间并不是一种对立的关系，在很多情况下他们是可能相互转化的。

四、对庞大数量的非营利体育组织的管理存在难度

（一）组织类型的界定具有复杂性

不同类型的非营利体育组织之间的界限并不明显，有的是规范发展且具有一定规模和影响力的体育社团组织，更多的则是组织松散、随意的草根体育组织，部分社团组织开始秉承非营利的发展方向，但在规模和影响扩大后开始转向营利性组织发展。因此，这些不同类型的非营利性体育组织之间没有明确的区分边界，尤其是在特定的情况下还会出现相互转化的现象，充分体现了其组织形态的灵活性，但同时在管理上增加了难度。

（二）不同组织之间的差异性

地区不同的自发性群众体育组织具有不同的特点，这与当地的经济、政治、文化特点具有密切关系，他们在规模特征以及运作模式上具有很大的差异性。所以在对其进行管理的过程中，要根据地域的差异性而实施不同的管理方式。

（三）不同管理者的管理出发点不同

我国的体育行政部门在开展管理工作的过程中对宏观管理与组织宣传工作更为重视。制定出适当的群众体育组织管理制度与方法，选拔和培训社会体育指导员，举办不同类型的群众健身活动，旨在提高居民的身体素质、激发人民大众参加体育活动的热情。

居委会以及物业公司对健身活动开展的时间和规模更为重视，主要对其进行协调与控制管理，保证活动地点的安全和稳定，对具体的细节管理工作进行有效的管理与协调，解决非营利体育组织在活动中遇到的各种实际困难。也就是说，居委会负责在社区中举办的自发性群众体育活动的组织管理工作，而当地的体育管理部门只是负责进行宏观指导。

（四）管理的效能问题

大多数的自发性群众体育组织从创建之初到后期的经营都属于自我管理的一种状态，很少接受外界的资源支持，基本不受外部制度的约束。尤其在北京举办 2008 年奥运会以前，重竞技体育而轻群众体育的情况比较严重，自发性群众体育组织可以得到的体育资源自然是有限的，在这种境况下，仍然有许多已经经营多年且稳定发展的群众体育组织，这足以证明

其生命力的强劲,所以不能对其进行盲目的管理,否则适得其反。

第三节 非营利体育组织可持续发展路径探析

一、非营利体育组织的制度环境建设

(一)加强宏观调控,鼓励非营利体育组织规范发展

修订非营利体育组织的管理条例,拓宽群众体育社团组织的生存空间。在政府职能转变过程中,政策的宽松环境直接影响着公共体育服务的供给,目前来看,我国的公共体育服务供给者逐渐呈现多元化,政府只是公共体育服务的供给者之一,社会体育组织和团体同样可以成为公共体育服务的重要生产者。在当前群众体育社团不断发展壮大之际,可以探讨改革原有的社团管理模式和规定,简化原来束缚非营利体育组织发展的各种标准与制度,但是,需要说明的是,现阶段政府的宏观管理不能缺位,可以尝试采用所属社区的备案制度,通过信息化申报与备案系统,掌握体育社团组织的活动内容、地点、频次、人数规模等基本信息,为出台体育支持政策提供参考和依据,也便于政府提供更为客观和具有时效性的公共体育服务。这样一来,可以充分发掘非营利体育组织的活力和参与社会治理的积极性,促使社会体育组织和团体有能力承接政府的职能转移,为群众提供更多更好的公共体育服务。[1]

(二)积极有效的社会扶持政策是非营利体育组织的基本保障

非营利体育组织是非营利组织的构成部分,在发展中,与非营利组织一样,受到各种政策的指导和约束。在我国,面向非营利组织的多种政策正在不断地完善和成熟。1998年国务院颁布的《社会团体登记管理条例》经过多次修订后在适应新时期社会团体的管理与服务方面有了明显的进步。近年来各地政府出台了多项关于社会团体管理的地方性法规,推进群众社团的备案制,简化原有的注册登记的烦琐程序,推动群众社团管理的便捷化和科学化。

在对非营利体育组织的管理上,需要政府与时俱进,深入调研当前我

---

[1] 陈金鳌等. 苏南公共体育服务体系示范区建设调查报告 [J]. 体育成人教育学刊, 2016, 32 (4): 61-67.

国非营利体育组织发展中急需解决的政策支持问题。首先，要进一步完善社会体育组织和团体备案、年审、评估等准入退出机制，支持社会体育组织以及社会团体通过备案准入制的形式，创建体育社团所属的俱乐部实体；其次，加大政府投入，或鼓励社会资本进入，来设置用于社会体育组织和社会团体扶持发展的基金，重点改善社会体育组织和社会团体的管理水平、硬件设施以及参与社会治理的能力；第三，各级政府要制定向非营利体育组织和团体购买社会体育服务的办法，采取直接提供、委托提供或购买服务等方式，逐步实现行政部门和社会组织的良性互动。对公信力较高、服务能力较强的非营利体育社团组织，在购买服务中予以优先考虑。

二、非营利体育组织的社会保障建设

社区体育非营利组织是以体育为载体的活动类组织，对体育场地设施、人力资源和经费等具有高度的依赖性。拥有自己专属的活动场地的体育非营利组织非常少，大部分体育非营利组织均依赖企业单位、居委会或基层行政部门等提供活动场地。在经费来源方面，会费是其主要的收入来源，至于其他的经费来源，不同类型的组织之间在获取资金渠道上存在较大差异，且都不稳定，总体来看，组织的活动经费不足。在人力资源方面，由于没有建立必要的吸纳、管理和激励机制，真正留在组织里工作的志愿者和社会体育指导员数量极为有限，在主要工作人员的来源方面，街道社区体育协会的主要工作人员数量少，平均每个组织不足 3 人，且多半来自政府机构；社区体育健身团队和 QQ 体育群组织主要依靠骨干成员维系组织活动的开展，而体育民办非企业单位则多以聘用的方式招揽工作人员。此外，由于组织间的横向联系通道不畅通，组织联系处在相对封闭的状态，资源得不到有效的整合。所以，组织的发展将受到存量资源的利用情况和新增资源规模的约束。

（一）政府继续加大投入，完善公共体育服务供给，为非营利体育组织活动开展创造良好环境

在体育已经上升为国家战略的大背景下，深入发掘社会组织的潜能，推动非营利体育组织在全民健身计划实施中发挥更大的作用，需要政府继续不遗余力地加大公共体育服务建设，应切实参考国家全民健身计划的实施历程，将公共体育服务纳入体育民生工程，使之成为民生幸福指数提升的组成内容。目前，全国不同地区均在探索地方性公共体育服务体系建设，

北京、上海、江苏都出台了相应的公共体育服务评价指标体系。通过对公共体育服务体系的建设，为各地各类的非营利体育组织创造良好的发展环境。从对非营利体育组织的支持方面来看，公共体育服务供给的内容主要有基础体育设施建设、群众体育活动开展支持、群众体育社团骨干力量培训等形式的帮扶和支持。

公共服务是社会公平的"底线"，为群众提供基本的公共服务应该是政府公共财政投入的重点，要创新公共体育服务投资模式，建立以公共财政为杠杆、积极吸纳社会资本的公共体育服务多元化的投入机制。

扩大非营利体育组织的资源供给，首先要扩大公共财政对公共体育服务的投入，通过立法的形式确保各级政府财政性体育投入达到一定的比例，并加强对其落实情况的检查。《中华人民共和国教育法》中规定，国家对教育投入的比例要达到国内生产总值的4%，对体育投入也应如此，规定应达到一个适宜的比例。

另外，还应创新思维，通过多种形式吸引社会资本投资群众体育，加快扩大全社会对群众体育的投入总量。各级体育部门要积极引导支持社会资本进入群众体育领域，以社会赞助、企业冠名等不同的方式来支持各种非营利体育组织的发展，真正做到群众的事情群众办，社会的事情社会办，动员社会的力量，举社会之力发展群众体育。

积极发展体育用品产业，扩大各种体育物品的供给数量，在实用有效、保证质量的基础上，扩大公共体育产品的种类和总量，满足社会多元化、多层次的体育需求。公共体育服务建设的达成，离不开人、财、物等资源的有效投放。以政府为主导，加大公共体育资源的供给力度，不仅要在投入资源量上下功夫，还要重视资源投放的效用，强调资源投放的精准性。

国家层面应切实加强顶层设计，制定我国公共体育服务体系的战略性发展规划；省级层面在战略性发展规划的基础上强化实施细则，在中观、微观层面对公共体育服务体系的实施进行阶段性目标、任务分解。

（二）坚持推进非营利群众体育组织与政治民主化发展

公民社会组织具备自治性、自愿性等特征，能够自下而上地形成人民群众的各种观念。人们在平等地参与组织活动的过程中，逐步树立起来的民主观念和自主意识可以改变传统的政治文化，启发和鼓励人民群众参与维护自身权益的组织活动，能够有效地促进社会主义民主政治的形成和发展。政治民主化的发展首先需要有一个高效运作的政府。高效的政府应该是一个有限政府,在公共事务的管理上应该适度放权,将一部分工作交由市场和公民社会组织来完成,特别是在公共产品的提供方面,更应该充分发挥公民社会组织的作用,只有这样,才能有效地改善政府的治理结构,提高政府的工作效率。

从社会公共管理的角度来看,公民社会组织本身虽然以参与政治为目的,但是对政治起到了重要的影响,特别体现在促进政府放权,形成小政府、大社会的格局,监督腐败和维持社会稳定等方面,有助于政府形成更加合理的结构和更加民主化的运行机制。有学者指出,介于政府和公民个体之间的中介团体有以下两种职能:一是吹哨子找毛病,以辅助政府之不足;二是满足民众需要,作为政府与民间的桥梁。自发性群众体育组织更多的是起到后一种作用。体育事业作为社会公共产品的一部分,非常适合由公民社会组织来承担,特别是在群众体育领域,更应当协调好国家、个人和社会组织之间的关系。促进我国自发性群众体育组织的建设发展,在一定程度上对于我国体育管理体制的改革以及我国政府机构中体育部门的重新定位起到了积极的推动作用。

(三)积极协调社会资源,开放企事业单位、社区、学校中的体育场地设施

场地设施的不足已经成为制约许多非营利体育组织开展健身活动的重要因素。居民选择体育健身的方式多种多样,一些容易产生噪音(如广场舞)、对交通造成干扰(徒步或暴走)的活动项目需要辟出专门的场地,但由于条件有限,一些组织目前只能选择大型的公园,这远远不够。在公共体育资源无法满足居民健身需求的时候,许多组织不得不退而求其次,选择城市道路、街头广场组织活动。这种局面造成了很多的安全隐患,也带来了健身群体与周边居民或其他的健身组织间的冲突。2017年7月8日早晨,山东临沂的暴走团在城市快速路上激情前行,结果一辆出租车冲进健身人群,造成伤亡事故;在此之前的河南洛阳广场舞大爷大妈因为抢占场地,与喜欢篮球运动的少年群体发生冲突,"围殴"少年的新闻一度成为媒体的热点;许多地方爆出因为广场舞扰民,成员与周边居民产生对峙,"泼粪"事件、"放狗"事件、"高音喇叭怒怼"事件层出不穷。归根结底,这些都是由于公共体育资源不足造成的,这对于和谐社会、精神

文明建设无疑是一个巨大的冲击。

在居民生活的小区周边，存在着各种可以深入发掘的体育场地设施资源，如学校、企事业单位的体育场地，都可以作为公共体育资源面向社会开放。每个城市都有许多中小学校和高校，这些学校均有丰富的体育场地资源。学校体育场地向社会开放的呼声已经存在了很多年，2017年，教育部和体育总局联合发布的《关于推进学校体育场馆向社会开放的实施意见》提出了具体指导性意见。北京、上海等城市在这项工作中均积累了较为丰富的经验，值得学习和借鉴。但目前邢台市内尚未有学校主动响应，其中最主要的原因是学校管理者比较担忧校园安全管理问题。现阶段开放学校资源的途径有三个：第一，学校可以与所在区或街道共同研究，尝试有条件地面向周边居民和体育社团开放，利用先进的信息管理系统，对进入学校锻炼的人员进行登记，将违规或不听从管理者列入失信名单；第二，组织学校周边热心居民，与学校共同成立管理小组（委员会），实施有效管理与服务；第三，加强对开放体育场地学校的奖励措施，由所属行政区域内的体育局协同教育局划拨专项经费对学校予以奖励，奖励资金主要用于场地设施的维护、课余时间学校体育场地管理员的加班工资等。学校体育场地资源的开放将为创城活动贡献一分力量。

三、加强非营利体育组织的自身建设，不断增强公共体育服务职能

（一）鼓励非营利体育组织规范发展，用规范化的组织运行促进全民健身的深入推进

非营利体育组织形态多样，既包括规模影响大、运作严谨的体育基金会或体育协会，又包括各种基层自发性群众体育组织，运作严谨的基金会或协会组织有规范的发展方式，本书中不再讨论。对于更多的遍布城乡的各种自发性的非营利体育组织而言，因为当前全民健身过程中规模不一、运作不一的各式非营利体育组织如同雨后的小草，在当前的经济社会发展背景下有着自身的生长规律，有人认为讨论规范化发展似乎为时过早。但客观来看，在我国的群众社团正在不断成长且成为社会治理的重要载体和途径的今天，如何发挥非营利体育组织的更大社会效用，使之成为全民健康和创新社会治理过程中的生力军，是改变当前无序发展局面的内在动力，因此，非营利体育组织的规范化发展必须成为未来一段时期内社团整合与

资源优化的重要方向。

目前我国许多地方正在尝试的政府购买社会服务，已经积累了许多可借鉴的经验，但这种政府购买形式推动群众体育开展的社会支持只适用于规范发展的各种非营利体育社团，对于许多随意性很强的自发性群众体育社团而言，则不具备获取社会支持的更多资源。从另一个角度来看，社团登记管理办法虽然不适合当前的非营利体育组织发展现状，但从管理上可以有一个良好的依托。目前各种群众社团组织的管理登记已经有了更为灵活的方式，如北京、上海、广州等省市纷纷出台了关于群众社团组织的备案制度，即无须民政部门和归口管理部门的双重管理，只在组织所在地由属地政府机构如居委会、街道办等基层政府进行备案即可，这种形式的变革对于许多非营利体育组织而言，一是放开了登记注册的枷锁，获得合法化身份更为容易；二是可以通过合法化身份获得社会资源，如社会捐赠、政府指导等。这样一来不仅可以促进组织自身在群众中的公信力提升，还可以在各种组织骨干培训中心得到更多帮助，同时，规范化的发展模式有助于吸引更多群众加入各种非营利体育组织、融入关乎民族复兴的全民健身中。

（二）加强非营利体育组织的使命建设，使之在创新社会治理中发挥更大作用

任何组织的成立都有着自身的使命需求，这种使命可以是崇高和宏伟的愿景，也可以是仅代表组织者个人和团队眼前的或微小的愿望。无论是哪种使命，放在社会文明建设与发展中都是推动进步的力量。

我国正处于全面深化改革的关键时期，无论是经济体制改革还是政治体制改革，都将面临一个快速进步的社会局面。在全面深化改革的进程中，这项关系到中华民族伟大复兴的重要历史使命绝不仅仅是党中央的一己之责，而是需要全国人民、社会团体紧密团结在以习近平同志为核心的党中央周围，各尽其责，共同努力，全面推进我国的经济社会向着更好、更快、更强的方向进步。

非营利体育组织是人民社会团体中的一种，在促进人民身心健康、推动社会主义精神文明建设方面有着重要的基础作用。无论是何种规模、多大影响，各种形式的非营利体育组织必须坚定"以人为本、服务社会"的基本原则，增强参与社会治理的愿望和社会使命感，用组织自身特有的

公益性、自愿性、自主性、灵活性等特征对组织成员进行各种形式的社会主义精神文明教育活动，同时，发挥自身社会影响优势，积极做出表率，影响更多的社会居民遵守法律法规和公序良俗，为创新社会治理做出更大贡献。

（三）推动非营利体育组织的自身造血机能建设，提升自我生存和可持续发展能力

对于非营利体育组织而言，自主性是其合法生存的基本要求，也是非营利体育组织其他特性得以实现的前提。只有当非营利体育组织具有自主性时才可称得上是独立于政府、企业外的第三部门，但是由于我国非营利体育组织对政府财政的依赖、边界的模糊以及其在制度方面的不健全等因素，使得其自主性开始弱化，所以，非营利体育组织应服从政府的管理，并在政府的支持下集中力量制定出有效的策略，把自己从援助者的角色中解放出来，把接受者转变成给予者，还原其"道德人"假设和志愿行动，建设有中国特色的非营利体育组织。非营利体育组织通过弥补"政府失灵"而逐渐发展并壮大，在政治、经济和社会领域中都确立了自己的重要地位，其目的是为了向社会提供更多的体育产品或服务。随着社会分工的相对细化，非营利体育组织可以充分利用自己专业技能的优势，为社会提供特质化服务，如为部分服务主体提供有偿服务，筹集资金，摆脱对政府的财政依赖，获得自主性，提升体育公共服务效率，从而更好地为社会大众服务。

"经费不足"问题已经成为制约非营利体育组织发展的瓶颈，极大地限制了组织服务范围的广度和深度，使组织不能很好地把握当前的社会需求，进而提供深入切实的服务。要从根本上改变我国目前公共体育服务供给不足和低效率的问题，就必须改革政府高度垄断的公共服务供给体制，引入多元化的公共体育服务的供给主体。非营利体育组织的资金筹募机制和体育产品来源渠道更应该多元化，我国非政府组织应建立多渠道的资金来源，并采用多种策略和手段向政府、企业、社会大众、基金会或国际资助组织以及联合劝募组织等多途径地募集资金、体育产品等实物，非营利体育组织同时还要积极地对自己进行社会营销，扩大影响力，提高服务社会的效益和效率，努力争取各种形式的资助，在开展公益活动的同时，提高经营性收入比例，并建立资金筹集的长效机制，以实现资金筹集的可持续发展为目标，筹募尽可能多的资金和体育产品，提高体育公共服务的供给能力，以满足人民群众的体育公共服务需要。

四、大数据时代智慧体育引入非营利体育组织管理

"智慧体育"是指充分利用计算机、物联网、大数据、移动互联网等新一代信息技术，通过感知化、物联化、智能化的手段，形成体育立体感知、管理协同高效、服务内外一体的体育发展新模式。"智慧体育"是参照智慧地球、智慧城市、智慧交通、智慧医疗等模式而提出的一种对竞技体育、全民健身、体育场馆及设施等各种需求做出智能化响应和智能化决策支持的一种现代体育新模式，它主要通过云计算、物联网、大数据、移动互联网技术、定位导航技术、虚拟仿真技术等途径来实现智慧化。这不仅可以推动我国体育事业智能化、便捷化、安全化发展，也可以更好、更快地实现健康中国建设。

（一）非营利体育组织中的智慧体育服务平台建设

相关数据显示，目前我国人均体育场地面积为1.5平方米，2016年5月的《体育发展"十三五"规划》提出，到2020年，经常参加锻炼的人数将达到4.35亿，人均体育场地面积达到1.8平方米。即便是到了2020年，我国的人均体育场地面积依然远远低于美国、韩国和日本。同时，我国的场馆社会化程度和利用率都很低，场馆使用资源分配不均的现象仍普遍存在。随着《国务院关于加快发展体育产业促进体育消费的若干意见》的出台，我国的体育产业迅速升温，群众健身和消费意识显著增强，在这种全民健身的大背景下，各种运动类智慧服务平台应运而生。例如，无锡的e动锡城智慧健身馆，是"e动锡城"公共体育服务平台和集自助化体质测试、数字化器械训练、远程健身指导、智能流量监控为一体的智慧成果，除向大众提供高质量的健身服务外，也为政府的公共体育服务体系持续发展提供了重要的技术支持和保障。此外还有浙江黄龙体育中心做的一款智慧场馆的操作系统——"呼啦管家"。研究发现，智慧体育服务平台建设都只是局限在我国经济发达的东部一线城市，中部和西部地区涉足较少。政府应进一步优化市场环境，改善产业布局与结构，促进东、西、中部体育产业良性互动发展。

（二）非营利群众体育组织中的智慧体育管理与运营

智慧体育管理与运营是实现体育资源一体化、建设公共服务体系的重要环节。在智慧体育资源的整合与管理上，我国的标准体系尚不完善，缺乏相关的立法建设及保障体系，而且体育信息资源多样，很难有步骤、有

层次地实现整合。研究发现,我国现阶段的体育公共信息服务供给采用以政府为主导的供给模式,缺乏健全的绩效评估与监督机制,所以就很容易忽略公众真正的公共体育需求,公共体育资源的供给与需求严重失衡,导致出现大量场馆设施闲置荒废而群众却无处锻炼的现象。由此可见,公共体育服务体系中的智慧体育在管理与运营方面依然有很多问题需要解决。

笔者通过浏览各体育管理部门的官方网站发现,大多网站都缺乏相应的群众体育信息,仅有小部分内容是一些全民健身活动或赛事报道,活动视频与音频极少,这就影响了公众的健身参与。所以,体育管理部门应在网站的设置上增加相关的全民健身板块,包括健身活动赛事的发布、健身知识的指导等。所有板块的内容不仅要有文字和图片,还要有动作技术视频或音频等。为满足不同健身人群需要,还可适当增加互动咨询板块,更好地为公众解决健身问题。在实际操作时,所有内容要尽量做到知识专业、权威,内容精简、通俗易懂,内容更新要及时等。

而要解决我国体育场馆与运动人群供需严重失衡的问题,智慧型体育场馆的建设就显得尤为重要。针对这一现实,国家与体育类企业应注重对智慧体育场馆的技术研发,加大对智慧型场馆建设的投资力度。一般的智慧体育场馆不仅可以实现智慧体育场馆和健身指导服务预约功能,还可以根据健身人群的需求制订切实可行的方案,同时还可以存储一个家庭的健身信息,成为一个家庭的"私人教练"。在高端的赛事智慧场馆,每个角落都会装有智能传感器,通过传感器来测试场馆各区域的湿度和温度状况,然后调节至最适宜比赛的环境参数,不仅可以使运动员更好地适应比赛环境,也能使观众更投入地观赏比赛。此外,高校的体育场馆也可以进行智能化建设,既可以更好地服务于体育课的教学,又可以在寒暑假闲置期体现社会效益,更好地促进公共体育服务事业的发展。

完善的智慧体育管理与运营体系是建设公共体育服务体系的重要部分。政府与市场是其建设中的主要驱动力,两者结合才能更好地加快智慧体育管理与运营的标准与规范建设。在公共体育服务体系的建设中,智慧体育的安全体系是重中之重,既要确保智慧体育资源数据的安全,又要确保智慧体育内部基础网络传输、第三方接入系统的安全。同时,政府与相关体育类企业或组织要认识到信息资源的多样性,了解广大人民群众的体育需求,然后对其进行定位,根据人民群众的需求,重新配置体育信息资源,这既为智慧体育的管理运营提供了便利,也为建立灵活、高效、透明的公共体育服务管理机构创造了可能。

参考文献

一、著作类

[1] 杜志娟.我国非营利体育组织的评估研究[M].北京:中国戏剧出版社,2013.

[2] 夏建中,特里·N.克拉克.社区社会组织发展模式研究——中国与全球经验分析[M].北京:中国社会出版社,2011.

[3] 修琪.公民社会视野下自发性群众体育组织研究[M].济南:山东大学出版社,2016.

[4] 李先国.群众体育文化创新与体育强国构建[M].上海:上海交通大学出版社,2013.

[5] 戴健.公共体育服务体系建设[M].上海:上海交通大学出版社,2015.

[6] 何增科,包雅钧.公民社会与治理[M].北京:社会科学文献出版社,2011.

[7] 陈金罗,刘培峰.转型社会中的非营利组织监管[M].北京:社会科学文献出版社,2010.

[8] 张勤.中国公民社会组织发展研究[M].北京:人民出版社,2008.

[9] 莱斯特·M.塞拉蒙[美].全球公民社会——非营利部门视界[M].贾西津,魏玉,译.北京:社会科学文献出版社,2002.

[10] 邓国胜.非营利组织评估[M].北京:社会科学文献出版社,2001.

[11] 詹姆斯·P.盖拉特.21世纪非营利组织管理[M].邓胜国,译.北京:中国人民大学出版社,2003.

[12] 邢占军,刘相.城市幸福感——来自六个省会城市的幸福指数报告[M].北京:社会科学文献出版社,2008.

[13] 周昀,雷国樑.体育信息检索[M].北京:人民体育出版社,2012.

[14] 王名.非营利组织管理概论(MPA教材)[M].北京:中国人民大学出版社,2002.

[15] 王名.中国社团改革——从政府选择到社会选择[M].北京:社会科学文献出版社,2001.

[16] 王名,黄浩明.英国非营利组织[M].北京:社会科学文献出版社,2009.

[17] 王名,李勇,黄浩明.美国非营利组织[M].北京:社会科学文献出版社,2012.

[18] 黎熙元,姚书恒.港澳非营利组织发展比较研究[M].中国社会科学出版社,2013.

[19] 娄胜华.变革与分化:澳门民间社团的发展[M].北京:社会科学文献出版社,2009.

[20] 中央政策组.香港第三部门的现状研究[M].香港:香港政府印务局,2004.

[21] 谭建光.志愿服务——理念与行动[M].北京:人民出版社2014.

二、学术论文类

[1] 童建国.非营利性体育组织赛事营利策略研究——以国际足联世界杯赛事推广为例[J].安阳师范学院学报,2016,(02):93-98.

[2] 谢叶寿,阿英嘎.英国政府购买公共体育服务的实践与启示[J/OL].体育与科学,2016,37(02):66-70.

[3] 温丙帅.非营利性体育组织参与全民健身活动策略研究——基于苏州非营利性组织在全民健身中的运营现状调查[J].山东体育学院学报,2016,32(01):29-34.

[4] 夏慈忠,黄晓灵.非营利体育组织发展困境的源发性问题思考[J].河北体育学院学报,2015,29(06):28-31.

[5] 樊静.国际非营利体育组织的公信力弱化及其治理——因国际足联腐败事件引发的思考[J/OL].南京体育学院学报(社会科学版),2015,29(05):33-38.

[6] 李圆圆,阮宜杰,张万寿.非营利体育组织参与公共服务供给的困境及对策研究——以安徽省为例[J].巢湖学院学报,2015,17(03):101-105.

[7] 吕寻金,杨依坤.整体性治理:我国非营利体育组织发展路径研究[J].成都体育学院学报,2014,40(11):22-26.

[8] 谢冬兴.绿道体育组织管理及制度化保障——以珠三角绿道为例[J].四川体育科学,2014,33(02):12-15.

[9] 吴红雨,范美玉,刘兴杰.非营利体育组织价值一致性的案例研究[J].华东理工大学学报(社会科学版),2013,32(04):502-506.

[10] 王晓芳,张瑞林.中、英、日非营利体育组织税收优惠制度比较[J].武汉体育学院学报,2013,47(12):18-21.

[11] 孟杰.非营利体育组织在农村体育服务体系中的现状与对策[J].湖北经济学院学报(人文社会科学版),2013,10(06):218-219.

[12] 杨倩,李帅,缑小燕.中国非营利性体育组织的两种成长路径与困境分析——基于政府职能转变背景的考察[J].体育与科学,2013,34(03):107-110.

[13] 徐继超,乔克满,唐赵平.安徽省非营利体育组织网络体系研究[J].巢湖学院学报,2013,15(03):128-132.

[14] 张永韬.非营利体育组织供给体育公共产品模式研究[J].成都体育学院学报,2012,38(12):24-27.

[15] 彭英,毛爱华,唐刚.我国非营利体育组织发展困境[J].武汉体育学院学报,2012,46(10):17-21.

[16] 冯欣欣,曹继红.政府与非营利体育组织合作:理论逻辑与模式转变——基于资源依赖的视角[J].天津体育学院学报,2012,27(04):297-302.

[17] 王东升,余伟俊,孙毅.我国非营利性体育组织发展困境分析[J].体育文化导刊,2012,(06):21-24.

[18] 侯梦儒,肖青.高校非营利体育组织构成及发展对策研究[J].华南理工大学学报(社会科学版),2012,14(03):128-132.

[19] 林子.非营利体育组织参与体育公共服务的路径选择[J].体育与科学,2012,33(03):110-112.

[20] 孔维峰,李军岩.组织变革视野下中国非营利体育组织发展障碍及路径[J].沈阳体育学院学报,2012,31(01):46-48.

[21] 徐冬.我国非营利体育组织发展浅议[J].新西部旬刊,2012,(Z1):68.

[22] 黄旭,程林林.非营利体育组织研究述评[J].体育与科学,2011,32(05):1-5.

[23] 谢洪伟,黄亚玲,蒋宏宇,柳鸣毅,张红艳.试论非营利体育组织的社会责任[J].成都体育学院学报,2011,37(08):9-13.

[24] 张义峰,李文辉."合作主义"公共体育服务模式探析——基于非营利性体育组织发展视角[J].吉林体育学院学报,2011,27(01):25-26.

[25] 王爽,杜兵.非营利性体育组织特征及推动社区体育发展研究[J].哈尔滨体育学院学报,2010,28(02):63-65.

[26] 王伟平,林立,刘贤辉.民间非营利体育组织发展要素探索性因素分析——以福建业余足球联盟为例[J].闽江学院学报,2009,30(05):110-114.

[27] 孙丽斌.日本NPO社会体育组织的构建[J].体育世界(学术版),2009,(09):77-79.

[28] 王家君.中国体育非营利组织辨析[J].广州体育学院学报,2008,(05):11-15.

[29] 熊振强.公益性群众体育组织的非营利性研究[J].广州体育学院学报,2008,(05):16-19.

[30] 吴龙．我国非营利体育组织战略管理构划［J］．体育科技文献通报，2008，（02）：5-5.

[31] 高力翔，陆森召，孙国友，王步．我国市民社会发展滞后与非营利性体育组织异化的相关性［J］．上海体育学院学报，2008，（01）：31-34.

[32] 孙国友，李江，张玉秀．我国非营利体育组织的发展路径之研究［J］．南京体育学院学报（社会科学版），2006，（04）：16-18.

[33] 马志和，张林．非营利体育组织发展前瞻：一个市民社会的视角［J］．天津体育学院学报，2003，（02）：59-61.

[34] 胡宇，刘青．我国非营利体育组织政府管理模式特点及创新研究［J］．成都体育学院学报，2012，38（01）：33-36.

三、学位论文类

[1] 张丽霞．西方非营利体育组织绩效评估研究综述[D]．武汉：武汉体育学院，2016.

[2] 李博宇．北京市西城区非营利性体育组织发展研究［D］．北京：首都体育学院，2016.

[3] 沈雨婷．非营利体育组织预算绩效考核指标体系的研究［D］．成都：成都体育学院，2013.

[4] 王沥．昆明市非营利性体育组织现状调查［D］．成都：成都体育学院，2012.

[5] 葛春雨．回龙观足球超级联赛的文化研究［D］．北京：北京体育大学，2012.

[6] 高利君．我国非营利体育组织运营模式的研究［D］．北京：北京体育大学，2012.

[7] 赵烜民．美中非营利体育组织比较研究［D］．北京：北京体育大学，2011.

[8] 曹拴营．上海市非营利性体育组织发展现状与对策研究［D］．上海：上海体育学院，2011.

[9] 杨伟林．长沙市市区体育非营利组织现状调查与研究［D］．长沙：湖南师范大学，2010.

[10] 王伟平．民间非营利体育组织发展要素研究［D］．福州：福建师范大学，2008.

[11] 高利君．我国非营利体育组织运营模式的研究［D］．北京：北京体育大学，2012.

附录一

关于非营利体育组织发展现状的调查问卷

尊敬的朋友：

您好！我们课题组正在进行群众性非营利体育组织发展情况的调查，很荣幸能邀请您作为调查对象完成这项工作。恳请您抽出一点时间进行问卷的填写。本问卷中的内容没有对错之分，问卷也不涉及您的个人隐私，所获得的数据仅供研究使用，我们将严格保密。我们对您的大力协助表示衷心的感谢！

课题组

2015 年 12 月

填表说明：

1. 请在您认为符合自己情况或认识的序号（或□）上画"√"。
2. 如没有说明是多项选择，则该问题只有一个选项。
3. 在填写问卷过程中请保持您思想的独立性，请不要与他人商量。

一、您的基本情况

1. 您的年龄
   □ 25 岁以下　□ 25—40 岁　□ 41—60 岁　□ 61 岁以上
2. 您的性别
   □ 男　□ 女
3. 您的在职状况
   □ 在职　□ 退休赋闲
4. 您的受教育程度（　）
   A. 小学以下　B. 小学　C. 初中　D. 高中　E. 大专或大学　F. 研究生
5. 您的健康情况（　）
   A. 非常好　B. 较好　C. 一般　D. 较差　E. 很差
6. 您的闲暇时间（　）
   A. 非常充足　B. 比较充足　C. 一般　D. 比较少　E. 很少
7. 关于体育活动对健康的有益之处（　）
   A. 非常同意　B. 比较同意　C. 一般　D. 不太认同　E. 不认同

二、您参与社团活动的情况

8. 您参加体育社团组织的时间（ ）

  A. 不足半年　　B. 半年—1 年　　C. 1—3 年　　D. 3 年以上

9. 您参与社团活动的频率（ ）

  A. 每周都能保持 3 次以上　　B. 每周能参与 1—2 次

  C. 每月能参与 2—3 次　　D. 不固定，看心情

10. 您在所在的体育社团组织中是否担任某一职务（ ）

  A. 是，担任骨干成员　　B. 否，只是普通成员

11. 您参与体育社团活动为自己带来了（可多选）（ ）

  A. 强身健体　B 消遣娱乐　C. 社会交往　D 提高运动技术

  E. 放松身心　F. 获得尊重　G. 其他

12. 参与体育社团组织活动的主要影响因素（ ）

  A. 与居住地方的距离　　B. 领导者的魅力、水平

  C. 有适合自己选择的项目　　D. 社团中成员的关系融洽

  E. 社团组织有符合自己的诉求和期待　　F. 其他

三、您所在社团情况

13. 社团组织的主要活动项目（请注明）：

14. 社团类型（ ）

  A. 营利型　　B. 公益型　　C. 其他

15. 您的社团是否注册（ ）

  A. 是　　B. 否

16. 社团针对的人群（多选题）（ ）

  A. 幼儿　　B. 青少年　　C. 成年　　D. 老年

17. 社团资金来源（ ）

  A. 成员缴纳　　B. 企业支持　　C. 政府支持　　D. 其他

18. 活动场所如何安排（ ）

  A. 组织自己有固定的活动场所　　B. 否

19. 组织社团活动的频率（ ）

  A. 很少　　B. 偶尔　　C. 一般　　D. 较多　　E. 频繁

20. 下面对社团的描述，您赞同哪几点（多选题）（ ）

  A. 社团是兴趣相投的人聚集在一起的团体，我们对社团没有什么要求

B. 社团可以结交有共同爱好的群体，促进交流

C. 参加社团可以获得更专业的体育运动指导

D. 社团活动加强了我参加运动的频率

21. 您所在社团组织中人员流动情况如何（　　）

　　A. 非常稳定　　　B. 比较稳定

　　C. 经常出现流失情况，同时也有新人加入

22. 如果成员有流失情况，请分析一下离开原因（　　）

　　A. 身体不适应　　　　　　B. 搬迁离开原来住址

　　C. 团队中人际关系不睦　　D. 个人诉求得不到满足

23. 您所在社团组织中的人际关系（　　）

　　A. 非常好　　B. 比较好　　C. 一般　　D. 不好

24. 您认为已参加的社团的管理模式是否合理（　　）

　　A. 很合理，井然有序　　　B. 合理，能够满足个人需要

　　C. 较合理，但管理有漏洞，有时会影响活动正常运行

　　D. 管理有缺陷，组织活动规模较差

　　E. 不合理，管理漏洞多，活动混乱

四、您对所在社团、社团组织者以及社团健康发展方面的看法

25. 在参加体育社团组织活动时，您认为以下哪些选项比较适合您的认识？

项目	非常同意	比较同意	同意	不太同意	完全不同意
使自己锻炼更有趣	☐	☐	☐	☐	☐
帮助自己改善锻炼习惯	☐	☐	☐	☐	☐
让自己更好地坚持锻炼	☐	☐	☐	☐	☐
更好地感受到群体归属感	☐	☐	☐	☐	☐
感到更加的安全	☐	☐	☐	☐	☐
可以更好地科学锻炼	☐	☐	☐	☐	☐
可以展示自己的组织和运动才能	☐	☐	☐	☐	☐
可以消除生活中的孤独寂寞感	☐	☐	☐	☐	☐

26. 关于体育社团的组织者（领导），您认为以下哪些选项比较符合您的认识？

项目	非常同意	比较同意	同意	不太同意	完全不同意
在社团组织活动中作用非常重要	☐	☐	☐	☐	☐
领导者需要具备良好的组织协调能力	☐	☐	☐	☐	☐
领导者必须具有良好的运动技能	☐	☐	☐	☐	☐
领导者对经费使用要及时公布	☐	☐	☐	☐	☐

27. 关于群众体育社团能否健康发展，您认为以下哪些选项比较符合您的认识？

项目	非常同意	比较同意	同意	不太同意	完全不同意
拥有社会体育指导员有助于组织发展	□	□	□	□	□
政府必要的资金支持有助于组织发展	□	□	□	□	□
必要的活动空间有助于组织健康发展	□	□	□	□	□
新媒体（QQ、微信）增加了活力和便利	□	□	□	□	□
组织成员的大力配合支持是必需的	□	□	□	□	□
组织发展应该有严密的管理规定章程	□	□	□	□	□
社团间的竞争有助于社团的健康发展	□	□	□	□	□

28. 若您认为当前所在的社团存在漏洞，请您举出几条出现漏洞的原因，并提出您的建议。

问卷到此结束，非常感谢您的支持和参与！祝您在健康快乐的道路上幸福前行！

附录二
关于非营利体育组织健康发展的访谈提纲

一、您所在社团的基本概况（成立时间、活动地点、活动内容、活动频率、组织团队等）。

二、您在社团中担任什么工作？

三、您所在社团发展中还有哪些问题？

四、您所在社团中成员的积极性如何？

五、您所在社团人员流动情况如何？是什么原因影响着人员流动？

六、您对社团的发展有哪些期望？

后 记

本书为作者 2015 年承担的河北省社会科学基金项目——政府职能转变中河北省非营利体育组织健康发展研究,项目编号:HB15TY005。

非营利体育组织在当前已经成为全民健身计划的重要组织基础,特别是在党中央大力推进改革的关键时期,这种基层的体育组织对城乡居民的健康生活方式培养、对社会主义精神文明建设、对和谐社会的发展、对民族伟大复兴有着重要意义。

本书完稿之时,恰逢党的十九大胜利召开。习近平总书记在十九大报告中指出,中国特色社会主义进入新时代,我国社会的主要矛盾已经转化为"人民日益增长的美好生活需要和不平衡不充分的发展之间的矛盾"。十九大报告指出,我国社会主要矛盾的变化是关系全局的历史性变化。我国社会主要矛盾的变化没有改变我们对我国社会主义所处历史阶段的判断,我国仍处于并将长期处于社会主义初级阶段的基本国情没有变,我国是世界最大发展中国家的国际地位没有变。

报告中关于社会发展的论断对于社会治理而言有极其重要的指导意义,这就要求我们要继续深化改革,积极推进政府职能转变,激发社会治理主体的活力,支持社会组织的发展,建立一个良好的、积极的社会治理新局面。

非营利体育组织在我们追求日益增长的美好生活需要的过程中正在或已经产生了实质性的效果。居民的锻炼热情更加高涨,在积极健康的生活状态下远离疾病,拥抱快乐;在自发性的组织活动中,居民可以更加融洽地相处、排遣孤寂;在各种形式的体育运动中,居民可以更好地培养规则意识、遵守公序良俗。可以说,非营利体育组织的发展绝不仅仅在全民健身的计划之中发挥作用,更重要的是在和谐社会建设、居民的精神力培养、国家的社会福利方面产生其他社会活动无可替代的基础作用。

作为政府公共体育服务和市场体育服务的有益补充,非营利体育组织在政府难以完全覆盖公共体育服务、居民尚不能完全接受健身市场服务的"双失灵"状态下为居民的健康生活追求提供了更多的选择。在当前的社会经济文化发展大背景下,非营利体育组织的健康发展离不开政策的支持、自身的建设。因此,在我们面临"人民日益增长的美好生活需要和不平衡不充分的发展之间的矛盾"时,需要思考如何让这种不平衡不充分趋向于平衡和充分。在大众体育领域，各种形式的非营利体育组织恰恰就是解决这种不平衡和不充分问题的最重要途径之一。

各种形态的非营利组织在我国群众体育事业发展中发挥着积极作用，无论是官方背景下的各种基金会、体育协会，还是各种注册的合法社团，抑或是遍布民间的各种草根体育组织，它们如同森林中的大树、藤蔓、灌木、小草，形成了一个完整的生态体系，在这个生态体系下，我国的全民健身计划有了基本保障，而国家则是这个生态体系的重要保护者、支持者和维护者，在政策上积极出台相关扶持政策，在外界大环境上努力营造良好的生态大系统，在森林系统出现生态问题时，及时运用行政手段加以政策引导和宏观管控，这个全民健身的森林生态系统将为各种赖以生存的生物提供源源不断的能量。这是人民群众的殷殷期望和美好愿景。相信在党的领导下，在人民大众的积极参与下，体育领域中的社会治理将越来越好，国家治理中体育元素的重要价值将更加凸显。

撰写是一个辛苦的工作，对人的心理和身体的挑战极大。两年前本书的基本框架已经形成，因为各种拖延症，迟迟未有显著进展，只是偶有时间，写上两笔，一年半的时间完成内容不足1/5。终于，无可逃避，必须要完成。几个月以来，我关闭了朋友圈，偶尔翻看一下给朋友们点个赞，微信群、QQ群基本没有了我的身影和留言，推掉了许多朋友聚谈、委托事项，延期了不少单位工作、领导安排，虽不似销声匿迹，但的确减少了太多的社会活动。在此，向关心自己的各位朋友、各位领导说声抱歉！从6月份开始，历时5个月的时间，终于完成。回想这几个月，我频繁地前往河北省图书馆查阅资料，游走在公园广场的健身人群中补充素材，也认识了许多健身达人，更深刻地感受到体育运动在人们生活中的重要意义！

过子夜，看着这些文字，我有些感慨，突然想起多年前写的一个小句：孤灯照台案，陋室影相随。推窗听静夜，独见月西垂。起身来到阳台，推开窗子，才想起今天是九月初四，霜降节气，虽看不到如钩新月，但借着远处的灯光看到雾霾渐起，又是限号的一天！看来，实现全民健身还需要天气给力！

王春雷

2017年10月23日凌晨于牛尾河畔